W0472951

Das 1x1 der P2P-Kredite

–

Wie du richtig in Privatkredite investierst!

Sebastian Wörner
und
Vincent Willkomm

Copyright © 2019
Sebastian Wörner
Vincent Willkomm

Alle Rechte vorbehalten.

ISBN: 9781799022732

Imprint: Independently published

1. Auflage 2019

Unseren Kindern
Noah, Benjamin & Stina.

Weil Familie das Wichtigste ist.

Inhaltsverzeichnis

Vorwort

Liebe Leserin, lieber Leser,

vielen Dank für den Kauf unseres Buches "Das 1x1 der P2P-Kredite – Wie du richtig in Privatkredite investierst!".

In diesem Buch möchten wir dir das Thema P2P-Kredite (Peer-to-Peer) näherbringen. Wir werden dir erklären, was P2P-Kredite sind, wie die P2P-Plattformen und die Kreditgeber arbeiten und wie das Investieren in diese internetbasierten Privatkredite funktioniert.

Zudem haben wir für dich eine Auswahl an P2P-Plattformen getroffen, die wir dir näher vorstellen werden. Gemeinsam schauen wir uns verschiedene Anlagestrategien an und zeigen dir, warum das Thema Diversifikation so wichtig ist.

Mit dem Lesen dieses Buches wirst du nicht nur einen Überblick und ein solides Grundwissen zum Thema P2P-Kredite erlangen, sondern in der Lage sein, in diese Anlageklasse aktiv zu investieren und dabei Gelerntes anzuwenden.

Beide Autoren sind seit vielen Jahren selbst begeisterte P2P-Investoren und der Überzeugung, dass keine andere Anlageklasse so gut dazu geeignet ist, das erarbeitete Wissen schnell gewinnbringend umzusetzen und in verhältnismäßig kurzer Zeit sehr gute Renditen zu verdienen.

Keiner von uns beiden hat die Anlage in P2P bis heute bereut und wir empfinden die Entwicklungen, die technischen Möglichkeiten, das immer breiter werdende Angebot und die niedrigen finanziellen Einstiegshürden als äußerst positiv. Daher hoffen wir, dass du genauso viel Freude am P2P-Investieren haben wirst wie wir.

Wir wünschen dir viel Spaß beim Lesen, eine steile Lernkurve und viel Erfolg beim Investieren!

Euer

Sebastian und Vincent

PS: In diesem Buch werden wir zur leichteren Lesbarkeit das generische Maskulinum verwenden. Mit z. B. „der Investor“ ist selbstverständlich auch „die Investorin“ gemeint!

Vielleicht fragst du dich auch, warum wir dich direkt mit „Du“ ansprechen. Auf unseren Blogs und allgemein im Internet agiert die P2P-Community auf Augenhöhe, das „Du“ ist fest etabliert. Daher werden wir auch dich – als (neuen?) Teil der P2P-Community – in diesem Buch duzen.

Über die Autoren

Bestimmt möchtest du wissen, mit wem du es auf den folgenden Seiten zu tun hast und wie wir zu P2P-Investoren „der ersten Stunde" wurden. Daher möchten wir – das sind Sebastian Wörner und Vincent Willkomm – die Chance nutzen und uns gegenseitig vorstellen.

Dieses Buch haben für dich zwei Finanzblogger geschrieben. Sebastian betreibt den P2P-Kredite-Blog www.hobbyinvestor.de und Vincent schreibt auf www.freakyfinance.net über seine Erfahrungen in allen erdenklichen Geldanlagen und über den Vermögensaufbau.

Wir sind beide fest in der Finanzblogszene etabliert und selbst seit vielen Jahren aktive P2P-Investoren.

Sebastian Wörner ist 37 Jahre alt, verheiratet und Vater von zwei Söhnen. Er lebt mit seiner Familie am Rand der Lüneburger Heide und verdient sein Geld als Software-entwickler.

Seit 2016 investiert Sebastian in P2P-Kredite. Er fing zeitgleich bei den beiden P2P-Plattformen Mintos und Twino an. Sebastian konzentriert sich bei seinem P2P-Investment ausschließlich auf die P2P-Plattformen in Osteuropa.

In den vergangenen Jahren ist das P2P-Portfolio von Sebastian auf 13 Plattformen angewachsen.

Seit Ende 2017 fand er zudem Immobilien-Crowdinvesting immer spannender. Für ihn bieten sich die Immobilienprojekte als ideale Ergänzung zu den Privatkrediten an. Beim Crowdinvesting macht Sebastian sogar die Ausnahme und investiert auch auf deutschen Plattformen.

Scan me

Neben seinem Blog www.hobbyinvestor.de betreibt Sebastian das P2P-Kredite- und Immobilien-Crowdinvesting Portal www.crowdbird.de.

Hier sollen gerade Anfänger einen leichteren Einstieg erhalten, indem die Plattformen über Filterwerkzeuge gezielt nach den eigenen Bedürfnissen durchsucht werden können. Zudem wird jeder Anbieter mit einem ausführlichen, möglichst neutralen Profil vorgestellt.

Scan me

Vincent Willkomm ist nicht nur Blogger, sondern selbst eine Marke. Es gibt wahrscheinlich nicht viele Finanzblogger, die ihn nicht kennen. Man könnte fast sagen: Vincent kennt jeden in der Szene und alle kennen Vincent. Er ist 42 Jahre alt, Vater einer erwachsenen

Tochter und kommt ursprünglich aus der Lüneburger Heide, ist aber gefühlt irgendwie immer „auf dem Sprung".

Bereits als Teenager interessierte er sich für Finanzen und Geldanlage, kaufte erste Aktien und kurze Zeit später die erste von inzwischen neun Immobilien. Über die Jahre entwickelte er sich zu einem finanziellen Tausendsassa und Extrem-Diversifikator über alle erdenklichen Anlageklassen hinweg. Die ersten Gehversuche im Bereich P2P-Kredite machte er 2008 auf dem damaligen P2P-Marktplatz von Smava, später folgten mit Auxmoney und Lendico weitere deutsche Anbieter (mit denen er aber nicht wirklich zufrieden war).

Mit dem Kennenlernen der baltischen Plattformen (zunächst Mintos, Twino und Bondora) Anfang 2016 wähnte er sich, verglichen mit den bisherigen Erfahrungen auf den heimischen Plattformen, plötzlich im P2P-Paradies und verlieh seinen P2P-Investments eine neue und viel stärkere Intensität. So steckt inzwischen ein nennenswerter Anteil seines siebenstelligen Vermögens in P2P-Krediten auf über 20 Plattformen verteilt.

Hinweis zur Transparenz – bitte lesen!

Der Inhalt dieses Buches wurde mit größter Sorgfalt und bestem Gewissen erstellt.

Wir, die Autoren dieses Buches, können dennoch schon aufgrund unseres eigenen Investmentengagements im Bereich der P2P-Kredite nicht komplett neutral über das Thema berichten und übernehmen ausdrücklich keine Verantwortung, keine Garantie und keine Gewähr für die Korrektheit und Vollständigkeit der Informationen in diesem Buch.

Wir möchten dir mit diesem Praxishandbuch einen möglichst umfassenden und leichten Einstieg in die Welt der P2P-Kredite geben. Dafür haben wir unsere Erfahrung und unser Wissen in die folgenden Seiten einfließen lassen.

Deine eigenen Erfahrungen können durch deinen Einstiegszeitpunkt, unterschiedliche Risikogewichtungen etc. anders verlaufen; daher finde bitte deinen eigenen Weg, der für dich funktioniert und mit dem du dich wohlfühlst.

Zudem stellen wir klar, dass wir dir mit diesem Buch keine Anlageberatung oder Empfehlung geben. “Das 1x1 der P2P-Kredite“ dient lediglich der Weiterbildung und der Bündelung von Informationen zu P2P-Krediten und deren Umfeld.

Alle Aussagen in diesem Buch spiegeln unsere persönlichen Meinungen und Erfahrungen wider. Solltest du dir die Inhalte des Buches zu Eigen machen oder etwaigen Ratschlägen folgen, so muss dir bewusst sein, dass du eigenständig handelst und für dein Tun selbst die Verantwortung trägst.

Der Markt der P2P-Kredite entwickelt sich ständig weiter, daher ist es uns wichtig, dass du das Folgende verinnerlichst:

Du investierst dein eigenes Geld – überprüfe, wie bei jeder deiner Investitionsentscheidungen, auch unsere Aussagen und Informationen.

Vielen Dank!

Was du vor dem Investieren klären solltest

Wir sind beide der Ansicht, dass sich nicht jeder in jeder Situation für das Anlegen bzw. Investieren seines Ersparten (unabhängig von P2P-Krediten) eignet.

„Ein Mensch ohne Plan ist wie ein Schiff ohne Steuer."

Bevor du investierst, egal in welcher Art und Weise, solltest du dir immer überlegen, ob du dein Geld nicht anderweitig brauchst.

Dabei können dir diese Fragen helfen:

1. Bist du gegen existenzielle Gefahren abgesichert?
2. Hast du ausreichend Kapital für mindestens drei Monate als Notgroschen verfügbar?
3. Bist du schuldenfrei?
4. Beurteile deinen Lebensplan: Musst du in absehbarer Zeit auf dein Kapital oder einen (großen) Teil davon zugreifen?

In einigen Fällen kann es sinnvoll sein, dass du dein verfügbares Geld zuerst in dich bzw. in deine Familie investierst, bevor du es anderweitig anlegst – sei es, indem du erst Schuldenabbau betreibst, dich und deine Familie gegen existenzielle Gefahren absicherst (z. B. mit einer Berufsunfähigkeitsversicherung, Haftpflichtversicherung, Risikolebensversicherung) und für liquide Mittel sorgst.

Sobald die Grundlagen geschaffen sind, kann es mit dem Geld, das du nicht zum Leben brauchst, ans Investieren gehen.

Egal wie und egal wo du investierst, du musst immer damit rechnen, dass dein Geld für einen bestimmten Zeitraum nicht verfügbar ist (z. B. Crowdinvesting), dein Investment direkt in die roten Zahlen rutscht (z. B. Aktien) oder auch ganz verloren gehen kann. Daher solltest du niemals unüberlegt oder aus einem Impuls heraus investieren.

Finde eine für dich passende Strategie!

Die wenigsten Menschen setzten sich mit ihrer Familie einfach ins Auto und sagen: „WIr fahren jetzt irgendwohin in den Urlaub". Vor jeder Reise steht die Planung. Dieser Grundsatz gilt erst recht für dein Geld.

Überlege dir deine Anlagestrategie: Wo willst du wie viel Geld anlegen? Setze zudem niemals alles auf ein Pferd, sondern suche dir mehrere „Pferde", die zu dir passen. Die Stichwörter hierzu lauten „Diversifikation" (eine breite Streuung) und „Asset Allocation" (deine Vermögensaufteilung).

Unser Ratschlag: Kümmere dich zuerst um dich (und um deine Familie) und handle nicht, ohne einen Plan zu haben. Nutze P2P-Kredite maximal als einen kleinen Baustein in deiner Investment Strategie.

Investiere in P2P-Kredite nur, wenn du folgende Warnung verstanden hast:

Der Erwerb dieser Vermögensanlage ist mit erheblichen Risiken verbunden und kann zum vollständigen Verlust des eingesetzten Vermögens führen.

(Gemäß § 12 Abs. 2 Vermögensanlagegesetz)

Glossar – wichtige P2P-Begriffe

Wir haben uns bemüht, in diesem Buch auf Fachbegriffe aus der Finanzwelt zu verzichten. Trotzdem gibt es eine Handvoll Begrifflichkeiten, die wir kurz erläutern möchten, damit du einen noch einfacheren Einstieg hast.

Wir halten uns bei der Erläuterung kurz, da wir die Begriffe in den folgenden Kapiteln ausführlich behandeln werden.

Autoinvestor

Wird auch „**Auto Invest**" (z. B. bei Mintos), „**Portfolio Manager**" (z. B. bei Bondora) oder „**Portfolio Builder**" (z. B. bei Twino) genannt.

Der Autoinvestor ist ein (plattformeigenes) Tool, das nach den eigenen Einstellungen automatisch in vorhandene P2P-Kredite der jeweiligen Plattform investiert. Jeder P2P-Investor kann den Autoinvestor den eigenen Wünschen (z. B. Mindestrendite, Laufzeit etc.) entsprechend einstellen.

Crowdlending

P2P-Kredite und Crowdlending liegen sehr nah beieinander. Bei der Definition von P2P-Krediten geht man davon aus, dass eine Person einer anderen Person zu einem bestimmten Zweck Geld leiht.

Beim Crowdlending leiht nicht eine Person einer anderen einen bestimmten Geldbetrag, sondern eine Mehrzahl an Personen (engl. *crowd* = die Menschenmenge) leihen (engl. *lending* = leihen) einer anderen Person Geld. Da auf den P2P-Plattformen fast immer mehrere Menschen in einen P2P-Kredit investieren, kann man diese Finanzierungsform auch als **„Crowdlending“** bezeichnen. Eine weitere Bezeichnung wäre **„Lending-Based Crowdfunding“**.

Crowdfunding

Crowdfunding wird im Deutschen auch als **„Schwarmfinanzierung“** bezeichnet. Wie beim Crowdlending finanziert die (Menschen-)Menge auch hier einen Kreditwunsch. Konzentrieren sich P2P-Kredite und Crowdlending auf Privatpersonen und Unternehmen, geht das Crowdfunding noch viel weiter. Hier werden Projekte aller Art finanziert, von der Aufnahme einer Musik-CD bis hin zur Entwicklung von Videospielen.

Crowdfunding unterscheidet sich von Crowdlending in dem Punkt, dass es keine festen Zinsen und/oder Rückzahlungen gibt. Beim Crowdfunding werden Investoren nicht mit einer Rückzahlung samt Zinsen belohnt, sondern erhalten nicht-finanzielle Gegenleistungen wie zum Beispiel das Produkt oder die Dienstleistung, die durch das Crowdfunding entstehen soll.

Es gibt diverse Arten von Crowdfunding:

- **Lending-based Crowdfunding**
  wie Crowdlending, nur ohne festen Rückzahlungsplan
- **Donation-based Crowdfunding**
  eine Art der Spende bzw. Schenkung ohne Gegenleistung
- **Reward-based Crowdfunding**
  die häufigste Variante des Crowdfundings: Investoren können eine nicht-finanzielle Gegenleistung erhalten, meist in Form des finanzierten Produkts oder die Dienstleistung als Gegenleistung
- **Equity-based Crowdfunding**
  siehe Crowdinvesting

Crowdinvesting

Beim Crowdinvesting können, wie beim Crowdfunding auch, allerlei Finanzierungen unterstützt werden. Am häufigsten geht es um die Finanzierung von Unternehmen, Startups oder Immobilienprojekten.

Die Investitionen haben einen eigenkapitalähnlichen Charakter. Gerade beim Immobilien-Crowdinvesting wird in Nachrangdarlehen investiert. Investoren erhalten für ihr Investment fest definierte Zinsen.

Erstmarkt

Wird auch „**Primärmarkt**" genannt. Hier sind alle P2P-Kredite von Kreditgebern verfügbar – im Gegensatz zum Zweitmarkt, wo die Investoren die P2P-Kredite anbieten, in die sie bereits investiert haben, aber aus dem Investment aussteigen möchten. Auf dem Erstmarkt können P2P-Investoren entweder manuell oder via Autoinvestor investieren.

Kreditgeber

Die Kreditgeber haben viele Namen. Am häufigsten wird der Begriff „**Nicht-Banken-Kreditgeber**" verwendet, da die Kreditgeber keine Banken sind. Daneben sind „**Darlehensgeber**" oder „**Darlehensanbahner**" beliebt. Etabliert hat sich auch die schlichte Bezeichnung „**Anbahner**".

Wir haben uns für die Bezeichnung **„Kreditgeber"** entschieden, da (1) das Wort „Kredit" klarer ist als das Wort „Darlehen", und (2) die Kreditgeber keine Anbahner sind, sondern tatsächlich die Kredite eigenständig vergeben. Unserer Meinung nach ist der Begriff „Anbahner" irreführend.

P2P-Investor

Jeder, der sein Geld über eine P2P-Plattform in P2P-Kredite investiert, ist ein P2P-Investor. So wie es

Immobilien-Investoren gibt, nutzen wir für den P2P-Kreditebereich die Bezeichnung „P2P-Investor“.

Natürlich wäre auch die Bezeichnung „P2P-Kredite-Investor“ richtig, ist jedoch für unsere Zwecke zu sperrig.

Peer-to-Peer-Kredit / P2P-Kredit / P2P-Kredite

Unter „P2P-Krediten“ verstehen wir die Kreditvergabe zwischen Privatpersonen, ohne dass eine Bank oder ein Mittelsmann involviert sind: Ein P2P-Kredit ist ein Kredit von einer Privatperson für eine Privatperson. Es handelt sich explizit nicht um einen Bankkredit.

P2P-Lending

Die englische bzw. internationale Bezeichnung von P2P-Krediten lautet **„P2P-Lending“** (Peer to Peer Lending); sobald du den deutschsprachigen Raum verlässt, spricht niemand mehr von „P2P-Krediten“.

P2P-Plattform

Auf einer P2P-Plattform können Investoren in P2P-Kredite investieren. Eine P2P-Plattform kann auch als **„P2P-Portal“**, **„P2P-Marktplatz“** oder als **„Marketplace“** bezeichnet werden.

Zudem stellt die P2P-Plattform weitere Dienstleistungen wie den Zweitmarkt oder den Autoinvestor zur Verfügung.

Rückkaufgarantie

Die Rückkaufgarantie wird auch als „**Buyback Garantie**", „**Buyback Guarantee**" oder abgekürzt als „**Buyback**" bezeichnet.

Die Rückkaufgarantie ist ein Versprechen vom jeweiligen Kreditgeber, dass er dir bei einem Kreditausfall deine Investition (plus ggf. die Zinsen) erstattet.

Skin in the game (Risikobeteiligung)

Die Risikobeteiligung der Kreditgeber wird in Prozent pro P2P-Kredit angegeben. Jeder Kreditgeber darf auf den P2P-Plattformen seine P2P-Kredite zum Investieren anbieten, muss bei einigen Plattformen allerdings zwischen 5% und 20% Risikobeteiligung pro Kredit behalten.

Zweitmarkt

Auch „**Sekundärmarkt"** genannt: Hier ist der Platz, wo P2P-Investoren ihre P2P-Kreditanteile weiterverkaufen können.

Der Zweitmarkt ist ein Handelsplatz für P2P-Investoren. Wer sein Investment in einen P2P-Kredit vorzeitig beenden will, kann seine Anteile über den Zweitmarkt zum Verkauf anbieten, um z. B. in kürzerer Zeit an Liquidität zu gewinnen. Wichtig: Nicht jede P2P-Plattform bietet auch einen Zweitmarkt an.

Osteuropa im Fokus

P2P-Kredite findest du überall auf der Welt. In Europa gibt es große P2P-Plattformen wie beispielsweise Zopa[1], Funding Circle[2] oder RateSetter[3]. In Frankreich gibt es den Anbieter October[4] (ehemals Lendix) und in Deutschland ist Auxmoney[5] sehr bekannt.

Doch auch in den USA und in Asien hat sich ein sehr großer Markt entwickelt. Die Idee, dass sich Privatpersonen untereinander Geld leihen, ist auf der ganzen Welt zu einem beliebten Modell geworden.

In diesem Buch möchten wir aber nicht über P2P-Kredite in Deutschland, den USA oder in China sprechen, sondern konzentrieren uns auf den Markt in Osteuropa.

Wir tun dies aus den folgenden zwei Gründen:

1. Deutsche Plattformen haben uns nicht überzeugt

Wie im Abschnitt „Über die Autoren" bereits kurz erwähnt, blickt Vincent Willkomm auf jahrelange Erfahrungen mit deutschen Plattformen zurück. Angefangen hat er vor 10 Jahren bei dem europäischen Anbieter Smava, der heute ein Kreditvergleichsportal ist. 2017 endeten seine Bemühungen dort mit einem Ergebnis von plus/minus null.

---

[1] https://www.zopa.com/
[2] https://www.fundingcircle.com
[3] https://www.ratesetter.com/
[4] https://october.eu
[5] https://www.auxmoney.com/

Unter Berücksichtigung von Inflation, Aufwand und entgangenen Renditen (Opportunitätskosten) ergibt sich allerdings eine deutlich negative Performance.

Mit Auxmoney und Lendico folgten zwei weitere europäische Anbieter, diesmal direkt aus dem deutschen Inland. Aber auch hier war keine Besserung in Sicht: Bei beiden investiert Vincent schon länger kein neues Kapital mehr. Rückzahlungen und Zinsen werden konsequent abgezogen und anderweitig reinvestiert. Wenigstens das Experiment mit Auxmoney kann nicht mehr negativ enden. Über die Jahre sind inzwischen mehr als die insgesamt investierten 18.000 Euro an ihn zurückgeflossen. Trotzdem wird es am Ende nur zu einer niedrigen einstelligen Rendite reichen.

Obwohl wir hier von dem deutschen Marktführer reden, kann Vincent diese Plattform nicht empfehlen, wenn man sie mit den osteuropäischen Wettbewerbern vergleicht.

Anlegergebühren, zu hohe Mindestinvestitionssummen pro Projekt, mangelhaftes Inkassoverhalten, ein zusätzlich nötiges Referenzbankkonto (das zwingend neu angelegt werden muss), intransparente Prozesse und Ratings, nicht vorhandene Flexibilität, mangelhafter Service und fehlendes Interesse für Kundenwünsche sind für die Autoren gewichtige Gründe, diesen Anbieter zu meiden.

Bei Lendico investierte Vincent eine deutlich geringere Summe, aber der break-even point (Gewinnschwelle) ist dort noch nicht erreicht. Auch die Anwendung selbst weist zum Zeitpunkt der Veröffentlichung dieses Buches (März 2019) erhebliche Mängel auf: Das Dashboard zeigt wochenlang keine Performancedaten, Mails an den Kundenservice werden nicht beantwortet, die Mitarbeiter der Hotline sind zwar ausgesprochen freundlich aber ganz offensichtlich in ihren Möglichkeiten deutlich beschränkt und selbst unzufrieden mit den ihnen gebotenen Arbeitsbedingungen.

Lendico wurde inzwischen von der ING Bank gekauft und das Geschäft mit Privatkrediten wurde eingestellt.

Wenn überhaupt, wird Vincents Rendite hier am Ende auch nur knapp im grünen Bereich landen. Gründe dafür sind:

zu viele Ausfälle, schlechte Auswahl der zugelassenen Kredite, untragbares Mahn- und Inkassoverhalten gegenüber säumigen Kreditnehmern, eine qualitativ unzureichende Webseite und einige weitere Mängel.

Allgemein bot bis dato keine der genannten deutschen P2P-Plattformen eine Rückkaufgarantie an. Durch diesen Umstand fallen einzelne ausgefallene Projekte natürlich viel schneller ins Gewicht als bei P2P-Plattformen, bei denen der Kreditgeber Ausfälle ausgleicht.

Vincent steht mit seiner Erfahrung nicht alleine da. Von den drei genannten deutschen Portalen ist aktuell nur noch Auxmoney im Bereich P2P-Kredite tätig. Schaut man sich weitere Erfahrungsberichte z. B. auf kritische-anleger.de[6] oder auf trustpilot.de[7] an, so kannst du sehen,

---

[6] https://www.kritische-anleger.de/auxmoney/erfahrungen/ (Abrufdatum: 03.02.2019)

[7] https://de.trustpilot.com/review/www.auxmoney.com (Abrufdatum:

dass ein Investment in die genannten P2P-Plattformen unbedingt zu hinterfragen und gut zu prüfen ist.

2. Unsere Glaubwürdigkeit

Natürlich könnten wir auch über den P2P-Markt in England, den USA oder in China schreiben und hier zumindest theoretisches Wissen zusammentragen, da wir beide in diesen Märkten nicht selbst investiert sind.

In diesem Buch möchten wir aber das Kredo unserer Blogs beibehalten. Wir schreiben und berichten nur über Dinge, die wir selbst ausprobiert haben und bei denen wir ausreichend Erfahrung sammeln konnten.

Unsere Aussagen kommen daher nicht aus fremden Quellen wie anderen Blogs oder Zeitungsartikeln, sondern fußen auf unseren eigenen Gewinnen, Verlusten und dem Austausch mit einer stetig wachsenden P2P-Community.

Wir sind der Meinung, dass dieses Buch davon stark profitiert und an Glaubwürdigkeit und Nutzen für dich gewinnt.

Aus diesen beiden Gründen sind wir überzeugt, dass unser Fokus auf umfangreich ausgetestete und vielfach bewährte P2P-Plattformen aus Osteuropa auch für dich sinnvoll und gewinnbringend ist.

03.02.2019)

P2P-Kredite – der Überblick

In diesem Kapitel geben wir dir einen Überblick und eine Einführung in das Thema „P2P-Kredite“. Du wirst erfahren, was P2P-Kredite genau sind, welche Kreditarten es gibt und was ein vorfinanzierter P2P-Kredit ist.

Weiterführend werfen wir einen Blick auf die häufig gestellte Frage: Warum gehen die Leute eigentlich nicht einfach zur Bank, wenn sie einen Kredit haben wollen?

Was sind P2P-Kredite?

„P2P“ ist die Abkürzung für „Peer to Peer“ und bedeutet frei übersetzt „von Person zu Person“. Also eine Person gibt einer anderen Person einen Kredit, sprich: sie leiht ihr Geld, ohne dass eine Bank oder ein Mittelsmann zwischengeschaltet sind.

Wer das Wort “Peer” im Wörterbuch nachschlägt, wird die Übersetzungen “Ebenbürtiger” und “gleichrangig” finden. Genau darum geht es hier: Der Kreditnehmer und der Kreditgeber sollen sich ebenbürtig sein.

Eigentlich ist das Thema „P2P-Kredite“ keine neue Erfindung, sondern schon ein sehr alter Hut, dessen Prinzip wahrscheinlich so alt ist wie das Geld selbst.

Wenn du dir von deinen Eltern, deiner Familie oder Bekannten Geld leihst, ist das quasi P2P in seiner reinsten Form.

Sehen wir uns in folgendem Schaubild den Ablauf einer P2P-Kreditvergabe an. Nehmen wir an, ein Kreditnehmer benötigt 500 Euro für was-auch-immer. Dieser Bedarf über 500 Euro wird nicht von einem Investor, sondern von ganz vielen Investoren gedeckt. Jeder Investor gibt einen sehr kleinen Betrag, in diesem Beispiel sind es 10 Euro. So kommen die gewünschten 500 Euro des Kreditnehmers mit 50 Investoren schnell zusammen.

Abbildung 1: die Idee hinter P2P-Krediten

Die Investoren gehen kein so hohes Risiko ein, da sie nur einen sehr kleinen Teil des Kredites finanziert haben. Sollte der Kreditnehmer den kompletten Kredit nicht zurückzahlen können, liegt der maximale Verlust je Investor bei 10 Euro.

Bei einem P2P-Kredit ist es nicht üblich, dass eine einzelne Person einen kompletten Kredit finanziert, sondern viele verschiedene Investoren bringen den benötigten Betrag zusammen auf.

Deswegen ist auch öfter die Rede von Crowdlending oder Crowdfunding.

Das Charmante für uns Investoren ist, dass wir so breiter, sprich: in eine Vielzahl an Krediten, streuen können und nicht von der Solvenz eines einzelnen Kreditnehmers abhängig sind. Jeder Investor gibt immer nur einen sehr kleinen Teil und hat damit nur ein verhältnismäßig kleines Risiko je Investment.

Bei P2P-Krediten geht es aber mittlerweile nicht mehr nur darum, Geld an Privatpersonen zu verleihen. Zwar machen die Verbraucherkredite noch den Löwenanteil aus, trotzdem gibt es bereits viel mehr Möglichkeiten. Seien es Geschäftskredite, Rechnungsfinanzierung oder Immobilienkredite. Auch durch diese Vielfalt sind P2P-Kredite als Anlageklasse sehr interessant.

Die Zinsen variieren sehr stark und sind abhängig von der Kreditart und der P2P-Plattform. Die Spanne der Zinsen, die auf die Kredite angeboten werden, reicht von 8% bis 14%. In den letzten Jahren war es wirklich einfach, eine deutlich zweistellige Rendite zu erzielen.

Schaut man sich die Statistiken der jeweiligen P2P-Plattformen an so kann man folgende durchschnittliche Jahresrendite erfahren:

- Mintos: 11,70%[8]
- Bondora: 10,5%[9]

---

[8] https://www.mintos.com/de/statistik/ (Abrufdatum: 03.03.2019)

[9] https://www.bondora.com/de/public-statistics (Abrufdatum: 03.03.2019)

- EstateGuru: 12,23%[10]

Für uns sind P2P-Kredite eine ideale Ergänzung zu einem Aktiendepot und Immobilien. Natürlich in einem vernünftigen Rahmen. Später im Buch gehen wir noch sehr ausführlich auf die Vorteile und Risiken ein und geben dir einen detaillierten Einblick, wie und warum wir in P2P-Kredite investieren.

Kredite privat zu vergeben ist sicherlich keine neue Geschäftsidee. Die P2P-Kreditvergabe aber zu bündeln, online zugänglich zu machen und zu professionalisieren begann, laut Wikipedia[11], erst im Jahr 2005.

Hier startete das Unternehmen Zopa in Großbritannien die Vergabe von Krediten über das Internet. Zopa ist übrigens auch heute noch eine sehr aktive Plattform mit über 60.000 Investoren. Seit 2005 wurden hier bereits Kredite im Wert von über 3,9 Mrd. Euro finanziert[12].

---

[10] https://estateguru.co/portal/home/statistics?lang=de (Abrufdatum: 03.03.2019)

[11] https://de.wikipedia.org/wiki/Peer-to-Peer-Kredit (Abrufdatum: 02.12.2018)

[12] https://www.zopa.com/lending/about-lenders (Abrufdatum: 16.02.2019)

Wie läuft ein Investment in P2P-Kredite ab?

In diesem Buch werden wir noch sehr detailliert auf die einzelnen Schritte und die jeweiligen Parteien eingehen. Wir wissen aber, dass alle Anfänger eine zentrale Frage treibt: Wie funktioniert das Investieren?

Daher möchten wir dir gleich zu Beginn einen ersten Überblick über den Ablauf geben. Keine Sorge, falls noch nicht jeder Schritt verständlich erscheint: Nach dem Lesen dieses Buches wird dir der Ablauf klarer und verständlicher sein.

Dein P2P-Investment läuft in 8 Schritten ab:

1. Eine Person (ein Kreditnehmer) braucht Geld

Einen Kredit gibt es nur, wenn eine Person einen Geldbedarf in bestimmter Höhe feststellt. Daher beginnt jeder Kredit mit dem Kapitalbedarf eines Kreditnehmers.

2. Kreditnehmer kontaktiert Geldgeber (Kreditgeber)

Die Person sucht einen Kreditgeber auf (in der Regel virtuell) und „beantragt" die Vergabe eines Kredites in einer bestimmten Höhe zu vom Kreditgeber festgelegten Konditionen. Der Kreditgeber ist meist ein sogenannter Nicht-Banken-Kreditgeber, da die Kredite von Unternehmen und nicht von Banken vergeben werden.

3. Die Bonitätsprüfung

Der Kreditgeber prüft den Kreditnehmer anhand bestimmter Kriterien auf Bonität. Schließlich sollen möglichst nur Kreditnehmer einen Kredit erhalten, die diesen – inklusive Zinsen – mit möglichst hoher Wahrscheinlichkeit vollständig zurückzahlen können.

4. Die Auszahlung des Kredites

Bei erfolgreicher Bonitätsprüfung zahlt der Kreditgeber dem Kreditnehmer den gewünschten Betrag aus.

5. Die P2P-Plattform

Der Kredit wird nun vom Kreditgeber auf einer P2P-Plattform eingestellt, so dass Investoren in diesen Kredit investieren können. Dabei werden die Randbedingungen wie Rendite, Kredithöhe und Laufzeit bekanntgegeben – je nach Plattform mal mehr, mal weniger ausführlich.

6. Die P2P-Investoren

Jetzt kommen wir ins Spiel. Jeder Investor kann in einen solchen Kredit investieren. Auf manchen P2P-Plattformen kann man bereits ab 1 Euro in P2P-Kredite investieren; meistens starten die Investments bei 10 Euro, selten bei 50 Euro.

7. Der Kreditgeber erhält das Geld

Das Geld, das die Investoren in den Kredit investiert haben, erhält der Kreditgeber – NICHT der Kreditnehmer. Der Kreditnehmer hat sein Geld bereits vom Kreditgeber erhalten, bevor die Investoren auf der P2P-Plattform „eingestiegen“ sind. Dein investiertes Geld erhält der Kreditgeber und kann damit neue Kredite vergeben.

8. Die Rückzahlungen

Der Kreditnehmer beginnt mit den Rückzahlungen (Zinsen und Tilgungen), die anteilig an alle Investoren verteilt werden. Ist der gesamte Kredit zurückgezahlt, ist das Investment abgeschlossen.

Betrachtet man den gesamten Ablauf, sind es insgesamt acht Schritte. Dabei kommen wir Investoren erst im sechsten Schritt ins Spiel.

Der hier beschriebene Ablauf gilt für sogenannte „Vermittlerplattformen“ wie Mintos[13] oder Twino[14].

Bei Finanzierungsplattformen wie zum Beispiel EstateGuru[15] ist der Ablauf etwas anders, da es hier keine Kreditgeber gibt. Und genau diesen Unterschied erklären wir dir im nächsten Kapitel.

---

13 https://www.mintos.com/de/
14 https://www.twino.eu/
15 https://estateguru.co/de/

Der Unterschied – was sind vorfinanzierte Kredite?

Gerade in Osteuropa finanzieren sich die Kredite oft nicht live auf den P2P-Plattformen, sondern werden von den Kreditgebern vorfinanziert und erst danach auf den P2P-Plattformen zum Investieren angeboten.

In solchen Fällen spricht man von **„Vermittlerplattformen“**. Gerade Investoren, die vom Crowdinvesting kommen, sind es aber gewohnt, dass immer alle Kredite live auf der Plattform finanziert werden.

Dieses Vorgehen wird „Fundingphase“ genannt. Die Fundingphase dauert eine fest definierte Zeitspanne, z. B. drei Wochen. Finden sich in dieser Zeit genug Investoren, dann kommt der Kredit zustande. Andernfalls eben nicht.

Dieses Prozedere findest du auf den sogenannten **„Finanzierungsplattformen“** – wie z. B. in Osteuropa die Plattformen, die ausschließlich Immobilienkredite anbieten. EstateGuru, Bulkestate[16] und Crowdestate[17] zählen zu den bekannteren.

Da bei dieser Kreditart eine Instanz – nämlich die der Kreditgeber – fehlt, ist man hier näher am ursprünglichen Privatkredit, was die ganze Sache etwas transparenter macht.

---

[16] https://www.bulkestate.com/de/

[17] https://crowdestate.eu/de/

Die Vorteile und Nachteile: Vermittlungsplattform vs. Finanzierungsplattform

Die **Vermittlungsplattformen** sind die häufigste Form der P2P-Plattformen in Osteuropa. Dazu zählen Mintos, Twino, Robocash, Viainvest, Swaper, Lenndy, doFinance oder Bondora.

Bei dieser Form sind die Kreditgeber sehr wichtig, da sie alleine entscheiden, welcher Kreditnehmer seinen Kreditwunsch erfüllt bekommt und welcher nicht. Wir Investoren investieren dann in die bereits vorfinanzierten Kredite.

Gerade neue Investoren, die vom Crowdinvesting bzw. Crowdfunding kommen, müssen etwas umdenken. Auf den Vermittlungsplattformen entscheiden nicht wir Investoren über den Erfolg oder Misserfolg, sondern allein der jeweilige Kreditgeber.

Da der Kreditgeber den Kredit bereits vergeben hat, profitieren wir Investoren davon, dass sich unser investiertes Geld sofort verzinst. Es gibt keine Wartezeiten.

Ein weiterer Vorteil ist die Rückkaufgarantie, die bei den Vermittlungsplattformen meistens mit angeboten wird. Auch wenn wir dir später im Buch noch erklären werden, dass die Rückkaufgarantie mit Vorsicht zu genießen ist, hält sie doch ein paar Vorteile für uns Investoren bereit.

Dank der Rückkaufgarantie müssen wir bei einem Kreditausfall keine langen Wartezeiten in Bezug auf das

Mahn- und Inkassowesen hinnehmen. Wir erhalten unser Geld einfach nach 30 bzw. 60 Tagen zurück.

Ein Nachteil von Vermittlungsplattformen ist, dass dein Geld nicht an den eigentlichen Kreditnehmer geht, denn der hat sein Geld bereits vom Kreditgeber erhalten. Unser Geld bekommt also der Kreditgeber für weitere Liquidität. Damit entfernt man sich etwas von der eigentlichen Definition eines P2P-Kredites.

Auf den **Finanzierungsplattformen** hingegen werden immer alle Kredite live auf der Plattform finanziert. Damit Investoren investieren, stellen die Finanzierungsplattformen deutlich umfangreichere Informationen zu dem jeweiligen Kreditgesuch zur Verfügung. Zu den Finanzierungsplattformen zählen zum Beispiel EstateGuru, Bulkestate oder NEO Finance.

Auf diesen Plattformen erfährst du sehr viel mehr über den Kreditwunsch und den Kreditnehmer – bis hin zu seinen Einnahmen, seinen Verbindlichkeiten und seiner Kredithistorie.

Zudem entscheiden wir Investoren selbst über den Erfolg oder Misserfolg eines Kredites. Gefällt ein Kreditwunsch nicht und es finden sich nicht genug Investoren, dann kommt der Kredit nicht zustande.

Dies kann passieren, wenn Faktoren wie Zinshöhe, Bonitätsrating, Kredithöhe und/oder Laufzeit den Investoren nicht gefallen.

Ein weiterer Vorteil ist, dass die Instanz des Kreditgebers hier vollständig fehlt, so dass man bei den

Finanzierungsplattformen näher an der Definition eines P2P-Kredites bleibt.

Ein Nachteil der Finanzierungsplattform ist, dass sich dein Geld nicht sofort verzinst. Investiert man in ein Projekt, so muss man erst das Ende der Finanzierungslaufzeit und die Auszahlung an den Kreditnehmer abwarten. Erst dann beginnt sich das Investment zu verzinsen.

Kommt ein Kredit nicht zustande, erhalten alle Investoren, die bisher investiert haben, ihr Geld wieder ausbezahlt. Es kann also vorkommen, dass du dein Geld nach einigen Tagen oder ein paar Wochen ohne Zinsen wieder zurückerhältst.

Man muss aber auch sagen, dass ein solches Szenario sehr selten ist – wir selbst können uns nicht erinnern, das schon einmal erlebt zu haben. Die Anbieter haben für solche Fälle institutionelle Großinvestoren an der Hand, die bei Engpässen einspringen können.

Ob Vermittlungs- oder Finanzierungsplattform obliegt den Vorlieben des Investors. Ein "besser oder schlechter" gibt es unserer Meinung nach nicht. Beide Arten haben ihre Stärken und Schwächen.

Beide Autoren halten es so, dass wir im Sinne der Diversifikation auf beiden Plattformtypen investieren.

Risikobeteiligung / Skin in the game

Bei Vermittlungsplattformen investieren wir in die vorfinanzierten Kredite der Kreditnehmer.

Manch ein Investor befürchtet, dass der Kreditgeber einfach Kredite vergibt, diese Kredite dann auf den P2P-Plattformen an uns Investoren „verkauft" und sich damit aus der Verantwortung ziehen kann oder gleich ganz das Interesse daran verliert, ob der Kreditnehmer den Kredit auch tatsächlich wieder zurückzahlt. Schließlich hat der Kreditgeber den Kredit vollständig an P2P-Investoren verkauft und ist finanziell „fein raus".

Um das Vertrauen der Investoren zu erhöhen, hat es sich auf vielen Plattformen daher etabliert, dass die Kreditgeber zu einem festen Prozentsatz mit eigenem Kapital in jedem ihrer vergebenen Kredite investiert bleiben müssen.

Der Kreditgeber darf daher nicht 100% des Kredits über die P2P-Plattform für Investoren freigeben.

Auf diese Weise behalten Kreditgeber eine Risikobeteiligung, die auch „Skin in the game" genannt wird.

Indem sichergestellt wird, dass die Kreditgeber selbst investiert bleiben, sollten sie entsprechend ein größeres Interesse an einem möglichst erfolgreichen Ablauf der Kredite haben.

Bei den Kreditgebern auf der Plattform Mintos bewegt sich diese „Skin in the game“-Quote je nach Kreditgeber zwischen 2% und 20%.

Der Risikoanteil steigert das Vertrauen: Je höher der Risikoanteil, umso höher dürfte das eigene Interesse an einer erfolgreichen Rückzahlung sein.

Auf der anderen Seite will man natürlich den Investoren möglichst viel Investmentvolumen zur Verfügung stellen.

Hat der Kreditgeber einen hohen Risikoanteil, steht entsprechend weniger für Investoren zur Verfügung.

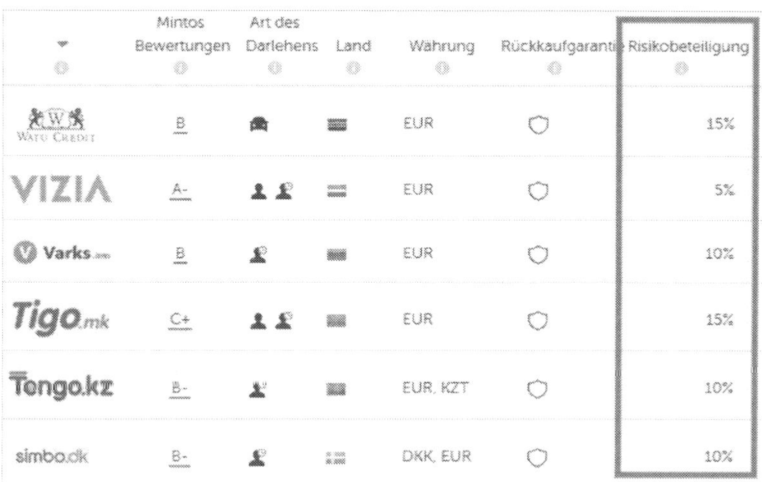

	Mintos Bewertungen	Art des Darlehens	Land	Währung	Rückkaufgaranti	Risikobeteiligung
Wato Credit	B			EUR		15%
VIZIA	A-			EUR		5%
Varks	B			EUR		10%
Tigo.mk	C+			EUR		15%
Tongo.kz	B-			EUR, KZT		10%
simbo.dk	B-			DKK, EUR		10%

Abbildung 2: Risikobeteiligung der Kreditgeber auf Mintos (Quelle: mintos.com)

Mintos zeigt den jeweiligen „Skin in the game“-Prozentsatz in einer Übersicht[18] an. In der deutschsprachigen Version der Webseite wird die Spalte **„Risikobeteiligung“** genannt.

Neben der Risikobeteiligung gibt es auch noch die Rückkaufgarantie, die den Kreditgeber dazu verpflichtet, verspätete bzw. ausgefallene Kredite wieder zurückzukaufen.

Daher haben die Kreditgeber sehr wohl ein Interesse, dass die Kreditnehmer solvent sind und die Ausfallquote in einem kalkulierbaren Rahmen bleibt.

Welche unterschiedlichen Kreditarten gibt es?

Wer an P2P-Kredite denkt, hat oft zunächst Verbraucherkredite im Kopf. Doch mittlerweile nutzen nicht nur Privatpersonen immer mehr Privatkredite, sondern auch kleine und mittelständische Unternehmen setzen auf die Gemeinschaft zur Finanzierung.

Sehen wir uns daher einmal an, in was für Kreditarten du aktuell auf osteuropäischen P2P-Plattformen investieren kannst.

Die Verbraucherkredite machen tatsächlich den größten Anteil bei P2P-Krediten aus. Zudem gibt es hier bereits wichtige Unterscheidungen. Im Zusammenhang mit Verbraucherkrediten fallen oft die Begriffe:

- Kredite mit kurzer Laufzeit
- Payday Loans
- Verbraucherkredite

---

[18] https://www.mintos.com/de/available-loans/loan-originators-login/ (Abrufdatum: 27.02.2019)

Diese drei Bezeichnungen hängen dicht zusammen und finden sich auf sehr vielen P2P-Plattformen wieder.

Kredite mit kurzer Laufzeit / Payday Loans

Die Kredite mit kurzer Laufzeit sind Kredite, die nur eine Laufzeit von wenigen Tagen – meistens zwischen 7 und 30 – haben. Daher auch die deutsche Bezeichnung „mit kurzer Laufzeit".

Diese Kreditkategorie dient der kurzzeitigen Überbrückung von Engpässen, zum Beispiel für die Miete oder die Nebenkostenabrechnung. Oft müssen die Kreditnehmer auf ihre Gehaltszahlung warten und benötigen schnelles Geld, um laufende Kosten decken zu können.

Die Laufzeiten der Kredite sind so gering, da nur die Zeit bis zum nächsten Gehalt überbrückt werden muss. Sobald das Gehalt da ist, wird der Kredit samt Zinsen zurückgezahlt.
Daher heißen die Kredite auf Englisch auch „Payday Loans" (Payday = Zahltag).

Im deutschen Sprachgebrauch haben sich dagegen die Begriffe „Kredite mit kurzer Laufzeit" oder auch „Darlehen mit kurzer Laufzeit" etabliert.

Im Englischen ist neben „Payday Loan" auch der Begriff „Short-Term Loan" gängig, wobei Short-Term Loans Laufzeiten von bis zu 12 Monaten haben können. Hier überschneiden sich Short-Term Loans mit den Verbraucherkrediten, die wir uns jetzt anschauen.

In der Regel müssen die Kreditnehmer keine Sicherheiten hinterlegen, daher sind die Zinssätze hier extrem hoch. 11% bis 14% Zinsen bekommst du als Investor in der Regel für dein Investment in diese Kreditart. Die Kreditnehmer müssen den Kreditgebern aber weitaus höhere Zinsen zahlen. Hier sind dreistellige Zinssätze die Regel, aber dazu kommen wir noch im späteren Teil des Buches.

Verbraucherkredite

Die Verbraucherkredite sind die typischen Ratenkredite, die wir auch aus Deutschland kennen. Ratenkredite sind sehr beliebt, um Konsumgüter wie z. B. Elektronik, Urlaube, Smartphones, Autos, Möbel usw. zu kaufen. Die Kredite haben daher mehrere Raten und eine deutlich längere Laufzeit bis hin zu mehreren Jahren.

Die Verbraucherkredite – wir zählen die Kredite mit kurzer Laufzeit (Payday Loans) dazu – nehmen den Mammutanteil aller Kredite auf den P2P-Plattformen ein.

Es gibt P2P-Plattformen, auf denen ausschließlich Verbraucherkredite angeboten werden, bei anderen wiederum kann man diese Kreditform ausschließen. Der größte osteuropäische P2P-Marktplatz Mintos bietet neben Verbraucherkrediten insgesamt sieben weitere Kreditarten an.

Trotzdem haben die Verbraucherkredite einen Volumen-Anteil von knapp über 70% aller Kredite (Stand Januar 2019). Betrachtet man nicht das Kreditvolumen (also das dahinterstehende Kapital) sondern die reine Stückzahl, so sind 9 von 10 Krediten auf Mintos Verbraucherkredite (94,2%).

Die Zinssätze bei den Ratenkrediten sind etwas niedriger und liegen zwischen 10% und 12%.

Die Laufzeiten der Ratenkredite variieren stark und liegen ungefähr zwischen 12 und 24 Monaten. Wobei es auch Verbraucherkredite mit 3 Monaten Laufzeit gibt, aber auch Laufzeiten von bis zu 60 Monaten.

Autokredite

Wie der Name schon sagt geht es um die Finanzierung eines Autos.

Ein Kreditnehmer kann mit einem Autokredit ein Fahrzeug finanzieren. Manchmal dient ein anderes Auto als zusätzliche Sicherheit. Zusätzliche Sicherheiten sind generell positiv für uns Investoren, da diese im Fall der Fälle im Rahmen eines Inkassoverfahrens zu Geld gemacht werden können.

Autokredite laufen tendenziell über mehrere Jahre. Die Zinsen liegen hier aktuell zwischen 11% und 12%.

Hypothekenkredit / Immobilienkredit

Bei einem Hypothekenkredit geht es um die Immobilienfinanzierung. Die Kredite werden zum Immobilienkauf oder zur Modernisierung einer Immobilie genutzt. Es sind aber auch Kredite, die mit einer Immobilie besichert sind, bei denen das Geld aber zum Beispiel für ein Auto oder als Geschäftskredit genutzt wird.

Auch bei Immobilienkrediten kann es – wie bei den Autokrediten – vorkommen, dass die Projekte dinglich, also beispielsweise mit einer Immobilie, abgesichert sind. Dabei muss es sich nicht zwingend um das Objekt handeln, das in diesem Zusammenhang gerade finanziert wird. Zudem ist auch üblich, Grundstücke oder Ländereien als Sicherheiten zu hinterlegen.

Bei einem Immobilienkredit sind die Laufzeit und der Zinssatz stark von der Plattform abhängig. Bei EstateGuru laufen die Kredite zwischen 12 und 24 Monate. Bei Mintos findest du von 3 bis 72 Monaten alles.

EstateGuru bietet aktuell 10% bis 11% Zinsen auf die Kredite an. Bei Mintos schwankt der Zins zwischen 5,5% und 12%.

Geschäftskredite

Geschäftsdarlehen bzw. Businesskredite sind nicht für Privatpersonen, sondern für Unternehmen. Dabei handelt es sich häufig um kleine und mittelständische Unternehmen, kurz: KMU. Die Geschäftskredite dienen meist als „working capital".

Die hinterlegten Sicherheiten können sehr unterschiedlich sein und reichen von Firmenimmobilien, Waren oder Produkten bis hin zu persönlichen Bürgschaften.

Die Laufzeiten liegen meist zwischen 6 und 36 Monaten. Die Zinsen liegen zwischen 8% und 13%.

Rechnungsfinanzierung / Factoring

Bei der Rechnungsfinanzierung können Unternehmen ihre Rechnungen an einen Dienstleister abtreten. Der Dienstleister zahlt weniger als den eigentlichen Rechnungsbetrag, dafür erhalten die Unternehmen aber ihr Geld sofort und müssen nicht auf die Bezahlung warten oder ggf. noch einen Mahn- oder Inkassoprozess abwarten.

Bei der Rechnungsfinanzierung investiert man in den finanzierten Rechnungsbetrag. Ein Handwerker hat bei einem Kunden einen Auftrag ausgeführt und stellt eine Rechnung über 1.000 Euro.

Damit der Handwerker sein Geld sofort bekommt, überträgt er seinen Anspruch auf einen Factoring Dienstleister. Dieser prüft den Sachverhalt. Akzeptiert der Factoring Dienstleister die Rechnung, erhält der Handwerker sofort sein Geld (abzüglich der Prämie für den Factoring Dienstleister).

Der Handwerker ist glücklich, da er sein Geld sofort erhalten hat. Der Factoring Dienstleister wird nun die Zahlung des Kunden abwarten und ggf. eintreiben.

Die Rechnungsfinanzierung wird auch bei Unternehmen in Deutschland immer beliebter[19]. Gerade für Handwerker und kleinere Unternehmen kann sich die Rechnungsfinanzierung rechnen, da sie weder Kunden hinterherlaufen noch lange auf ihr Geld warten müssen.

Die Rechnungsfinanzierung gehört zu den Krediten mit recht kurzer Laufzeit. Meist laufen die Kredite zwischen 1 und 3 Monate. Auch hier ist die Spanne der Zinsen sehr groß und reicht von 5% bis zu 12%.

---

[19] https://www.handelsblatt.com/unternehmen/leasing/finanzierung-factoring-wird-beliebter/20576338.html?ticket=ST-1545601-6QwocvujlKPjP6t4wO4a-ap1 (Abrufdatum: 16.02.2019)

Pfandkredite

Bei Pfandkrediten bekommt ein Kreditnehmer nur einen Kredit, wenn er einen Pfandgegenstand mit Wert beim Pfandleiher hinterlegt.

Dieser Wert wird vom Pfandleiher geschätzt und der Kreditnehmer kann sich bis zu 90% des Wertes vom Pfandleiher auszahlen lassen. Der Pfandkredit gehört zu den Lombardkrediten[20], bei denen Kreditsicherheiten in Form von Verpfändung (Wertpapiere, Wertgegenstände usw.) hinterlegt werden müssen.

Der Kunde kann seinen Pfandgegenstand zu einem späteren Zeitpunkt wieder auslösen.

Unser Fazit zu den Kreditarten

Wie Du siehst gibt es bereits eine ganze Menge an Kreditarten, in die wir investieren können. Gerade die Geschäftskredite für kleine und mittelständische Unternehmen halten wir für ein sehr interessantes Investitionsumfeld, da die Geschäftskredite und auch die Rechnungsfinanzierung eine gute Ergänzung zu den Verbraucherkrediten darstellen. Gerade bei den Geschäftskrediten gibt es oft eine dingliche Absicherung und zudem sind die Zinsen nicht viel niedriger als bei den klassischen Verbraucherkrediten. Mit diesen Kreditarten

---

[20] https://de.wikipedia.org/wiki/Lombardkredit
(Abrufdatum: 16.02.2019)

lässt sich bei P2P-Krediten nicht nur über Länder und Plattformen hinweg diversifizieren, sondern auch noch über Privatpersonen auf Unternehmen.

Der Ablauf der Investition sowie die hinterlegten Sicherheiten sowie die Laufzeit der Kredite und die Höhe der Zinsen sind von P2P-Plattform zu P2P-Plattfom unterschiedlich. Daher solltest du dich bei jedem Anbieter neu über das Kreditangebot informieren.

Bei Mintos kannst du z. B. in vorfinanzierte Immobilienkredite mit 8% Zinsen investieren, die eine Laufzeit von bis zu 20 Jahren haben.

Bei der Vermittlungsplattform EstateGuru kannst du ebenfalls in Immobilienkredite investieren. Allerdings bekommst du hier bis zu 12% Zinsen und hast neben der kurzen Laufzeit von bis zu 2 Jahren noch größtenteils erstrangige Sicherheiten.

Es kann daher durchaus Sinn ergeben, auf mehreren P2P-Plattformen aktiv zu sein und die jeweiligen Stärken im P2P-Kreditangebot zu nutzen.

Warum gehen die Leute nicht einfach zu einer Bank?

Warum gibt es P2P-Kredite überhaupt? Wieso besorgen sich Leute einen Kredit über P2P-Plattformen, statt einfach zu einer Bank zu gehen? Dort sind doch die Kreditzinsen viel niedriger!

Alleine über diese Frage könnten wir viel und lange diskutieren.

Zum einen gibt es in vielen osteuropäischen Ländern kein so ausgeprägtes Bankensystem wie in Deutschland. Seit der Bankenkrise 2008/2009 leidet Osteuropa unter einer Bankenregulierung[21]. Hier gibt es neben Basel 1-3[22] und MiFID II[23] eine Menge weiterer Regularien. Die Banken in Osteuropa vergeben daher Kredite nur unter strengsten Auflagen und Sicherheiten.

Für den Kreditnehmer wird es immer schwieriger, diese Auflagen und Sicherheiten zu erfüllen. Den Sicherheitsanforderungen nachzukommen ist zudem aufwendig und kann wertvolle Zeit kosten. Auch nach einem langen Papierkrieg läuft der potenzielle Kreditnehmer immer Gefahr, dass die Bank den gewünschten Kredit doch nicht an ihn vergibt.

---

[21] http://www.faz.net/aktuell/finanzen/fonds-mehr/osteuropa-leidet-unter-bankenregulierung-15054052.html (Abrufdatum: 02.02.2019)

[22] https://www.financescout24.de/wissen/ratgeber/basel-1-2-3 (Abrufdatum: 02.02.2019)

[23] https://www.faz.net/aktuell/finanzen/meine-finanzen/sparen-und-geld-anlegen/mifid-ii-in-kraft-neue-regeln-fuer-die-geldanlage-15369917.html (Abrufdatum: 02.02.2019)

Das führt von einem zum anderen. Viele Banken bieten diese „kleinen" Verbraucherkredite im Rahmen von bis zu maximal 500 Euro meist gar nicht mehr an. Dieses Geschäft lohnt sich für die Banken unter Umständen nicht mehr.

Dazu kommt, dass das Kreditzinsgefüge in Osteuropa ein anderes – nämlich üblicherweise ein deutlich höheres – ist als bei uns in Deutschland.

In Deutschland kennen wir die 0%-Finanzierung oder bekommen auch mal Konsumkredite mit Negativzinsen[24] angeboten. Davon kann man in Osteuropa nur träumen.

Diese Problematik hat in Osteuropa die sogenannten „Nicht-Banken Kreditgeber" auf den Plan gerufen. Diese füllen genau diese Lücke aus und vergeben die kleinen Summen, die sehr viel häufiger benötigt werden als große Summen für z. B. einen Hauskauf.

Noch mehr fällt ins Gewicht, dass viele Kreditgeber die Kredite online vergeben – mit einer vollautomatischen Bonitätsprüfung in nur wenigen Minuten.

Der Kreditnehmer kann den Kredit von zu Hause aus oder unterwegs per Smartphone beantragen und bekommt sofort das Ergebnis der Bonitätsprüfung mitgeteilt. Die Auszahlung des Kreditbetrags erfolgt natürlich ebenfalls sofort.

---

[24] https://www.smava.de/blog/finanz-news/negativzins-kredit-smava-senkt-zinssatz-auf-minus-5-prozent/ (Abrufdatum: 17.01.2019)

Durch diese Vereinfachung gewinnen die Nicht-Banken Kreditgeber immer mehr Kunden und gehören vermehrt zum Alltag dazu – vergleichbar mit dem deutschen Dispo, der mit horrenden Zinsen und ganz alltäglich in Anspruch genommen wird.

Warum sind P2P-Kredite überhaupt so attraktiv?

Warum Kreditnehmer unter Umständen auf Privatkredite zurückgreifen (müssen), haben wir im letzten Kapitel thematisiert. Investoren lockt natürlich die hohe Rendite, mit welcher geworben wird.

Eigentlich ist die Frage damit beantwortet.

Aber Spaß beiseite: Sicherlich werden die meisten Investoren auf P2P-Kredite aufmerksam, weil es möglich ist, eine zweistellige Rendite pro Jahr zu erreichen. Auch wir beide wurden von der Rendite angelockt.

P2P-Kredite sind aber mehr als nur eine Chance auf hohe Renditen. Sie stellen eine relativ neuartige Finanzierungsform dar. Hier darf man gerne auch das Crowdinvesting bzw. das Crowdlending mit heranziehen, die sich beide im Mechanismus der Geldbeschaffung sehr ähneln.

Heute können über das Internet große Finanzierungssummen schnell und einfach zustande kommen. Bei solchen Finanzierungen investieren hunderte oder mehrere tausend Investoren, ganz einfach mit ein paar Mausklicks, kleinere Beträge und erreichen so gemeinsam das große (Finanzierungs-)Ziel.

Besonders hohe Summen werden auch über das Crowdfunding erreicht. Dort gibt es aber meist keine Zinsen und keine Rückzahlung. Oft werden die Investoren mit dem Produkt oder der Dienstleistung belohnt, für die das Kapital eingesammelt wird.

Das Computerspiel „Star Citizen“ von Chris Roberts (dem Erfinder von Wing Commander) hat online bereits über 150 Mio. Dollar[25] einsammeln können. Im Dezember 2018 berichteten einige Medien, dass der Betrag mittlerweile auf über 200 Mio. Dollar angewachsen ist. Warum entschied sich Roberts für Crowdfunding? Er wollte unabhängig von großen Publishern sein und sich in seiner Vision von niemandem hineinreden lassen.

Heute braucht es keine Bank mehr, die einem einen Kredit zur Verfügung stellt. Durch das Internet haben Privatpersonen nun die Möglichkeit, „selbst zur Bank zu werden“.

Die Einstiegshürden sind für Investoren sehr gering. Es müssen keine hohen Summen auf lange Jahre investiert werden. Bei Bondora[26] liegt die Mindestinvestmentsumme bei nur einem Euro, der in einen P2P-Kredit investiert werden muss. Damit ist diese Anlageform quasi für jedermann zugänglich.

Durch diese niedrige Einstiegshürde versuchen und testen natürlich viele Anleger ihr Glück. Ein weiterer geschickter Schachzug ist die Gebührenfreiheit auf den P2P-Plattformen und die angebotene Rückkaufgarantie.

---

25 http://www.spiegel.de/netzwelt/games/star-citizen-crowdfunding-wieso-spenden-gamer-aus-der-ganzen-welt-a-1166692.html (Abrufdatum: 11.01.2019)

26 https://www.bondora.com/de

Auf beide Punkte kommen wir noch ausführlich zu sprechen.

Die Kreditgeber

Der Kreditgeber vergibt die Kredite und ist damit eines der wichtigsten Elemente bei den P2P-Krediten.

Im letzten Kapitel haben wir geschrieben, dass bei der Definition von P2P-Krediten weder Bank noch Mittelsmann nötig sind.

Nun stellen wir dir die Kreditgeber vor. Warum?

Damit P2P-Kredite im Internet funktionieren, brauchst du Hilfe:

- Du brauchst jemanden, der die Kredite vergibt
- Du brauchst jemanden, der die Leute findet, die Geld brauchen
- Du brauchst jemanden, der bei den potenziellen Kreditnehmern eine Bonitäts- und Risikoprüfung vornimmt
- Du brauchst jemanden, der die Verträge aufsetzt
- Du brauchst jemanden, der die komplette Kommunikation übernimmt – an dieser Stelle sei angemerkt, dass in Osteuropa die wenigsten Menschen Deutsch sprechen. Du brauchst also Dolmetscher, wenn du selbst kein Sprachentalent bist
- Du brauchst Anwälte, die sich in den osteuropäischen Ländern rechtssicher bewegen können – schließlich willst du ja die jeweiligen Landesgesetze einhalten und dir keinen zusätzlichen Ärger aufhalsen

- Du brauchst Hilfe bei der Buchhaltung
- Du brauchst Profis für das Mahn- und Inkassoverfahren
- und so weiter und so fort ...

Das alles ist viel zu aufwendig und deutlich effizienter, wenn es an einer Stelle gebündelt wird.

Deshalb brauchst du Unternehmen (die Nicht-Banken Kreditgeber), die die Kreditvergabe und das ganze Drumherum für dich übernehmen.

Kurzum: Du brauchst jemanden, der die Arbeit macht und vor allem vom Kreditgeschäft eine Ahnung hat.

Der Kreditgeber ist für uns Investoren derjenige, der die Kredite nach der Vergabe auf einer P2P-Plattform einstellt, um sich frisches Kapital zu besorgen. Daher ist der Kreditgeber sehr wichtig für uns Investoren, da wir darauf angewiesen sind, dass er die Kreditvergabe nach hohen Standards durchführt.

Was ist ein Kreditgeber?

Ein Kreditgeber ist keine Bank, sondern ein Unternehmen, hinter dem letzten Endes Privatpersonen wie du und ich stehen können ("Nicht-Banken Kreditgeber").

Da es sich nicht um Banken handelt, werden die meisten Kreditgeber auch nicht durch eine Bankenaufsicht reguliert. In vielen Ländern reicht den Kreditgebern eine Lizenz. Diese Lizenz erlaubt es dem Unternehmen, Kredite zu vergeben.

Zudem gibt es einen wichtigen Unterschied bei der Geschäftsbeziehung zwischen Kreditgeber und P2P-Plattform. Es kann mit internen oder mit externen Kreditgebern gearbeitet werden.

Die internen Kreditgeber

> Wenn wir von "internen Kreditgebern" sprechen, dann stammen die Kredite auf der P2P-Plattform aus der eigenen Unternehmensgruppe. Das bedeutet, dass die Kreditgeber und die P2P-Plattform in einer engen Verbindung zueinander stehen. Bekannte P2P-Plattformen sind zum Beispiel Twino mit den Kreditgebern Moneza[27] und Netcredit[28] oder Robocash mit Zaymer[29] oder Robocash.ph[30].

---

27 https://www.moneza.ru/

28 https://www.netcredit.pl/

29 https://www.zaymer.ru/

30 https://robocash.ph/

Die externen Kreditgeber

> Wenn wir von "externen Kreditgebern“ sprechen, dann stammen die Kredite von eigenständigen, nicht mit der Plattform in Verbindung stehenden Kreditgebern. Die Kreditgeber und der Betreiber der P2P-Plattform gehören nicht zu einer gemeinsamen Unternehmensgruppe, sondern sind je eigenständige Unternehmen, die getrennt voneinander operieren. Bekannte P2P-Plattformen, die ausschließlich mit externen Kreditgebern arbeiten, sind zum Beispiel Mintos oder PeerBerry.

Egal ob intern oder extern angebunden: Der Kreditgeber ist ein sehr wichtiger Akteur, der die Grundlage unseres Investments liefert: die Kredite.

Über die eigentliche Vergabe der Kredite wissen wir Investoren sehr wenig. Es ist uns (noch) nicht möglich zu bewerten, wie gut und wie sorgfältig der Kreditnehmer bezüglich der Bonität und des Ausfallrisikos geprüft wird. Das geht erst, wenn sich z. B. Ausfälle bei einem bestimmten Kreditgeber häufen.

Daher solltest du dir als P2P-Investor im Klaren darüber sein, dass wir alle den Kreditgebern „blind vertrauen müssen“.

Die Kredite werden immer häufiger online vergeben. Das hat für uns den Vorteil, dass man sich von fast allen

Kreditgebern die Webseiten und die Kreditdetails anschauen kann. Wir möchten dich dazu ermutigen, dies wirklich zu tun. Nutze dafür den Chrome Browser, dieser hat eine eingebaute Übersetzungsfunktion. Du kannst im Chrome Browser mit der rechten Maustaste die Webseiten ins Deutsche übersetzen lassen, wenn du die osteuropäischen Sprachen wie Russisch, Bulgarisch oder Lettisch nicht beherrschst.

Über die Webseiten hast du die Möglichkeit, mehr über den Kreditgeber und die angebotenen Kreditarten zu erfahren. Auch stellen die P2P-Plattformen oft Informationen über die Kreditgeber online. Gerade Mintos postet viele Informationen auf dem firmeneigenen Blog[31]. So erfährst du des Öfteren nützliche Informationen über die mittlerweile knapp 60 Kreditgeber.

[31] https://blog.mintos.com/category/nachrichten/ (Abrufdatum: 01.03.2019)

Warum stellt ein Kreditgeber die Kredite auf eine P2P-Plattform?

Bei den Verbraucherkrediten mit kurzer Laufzeit (Payday Loans) zahlen die Kreditnehmer horrende Zinsen. Die Kredite laufen zwar nur wenige Tage, aber rechnet man die Zinsen aufs Jahr hoch, dann ist man schnell im dreistelligen Bereich.

Bei so hohen Zinsen könnte man meinen, die Kreditgeber schwimmen im Geld und brauchen keine Hilfe von uns Anlegern. Also warum stellen die Kreditgeber ihre Kredite überhaupt auf den P2P-Plattformen bereit?

Wenn ich mit meiner Firma einer Person 100 Euro leihen möchte, dann muss ich diese 100 Euro vorher selbst in der Tasche haben. Das heißt, ich brauche als Kreditgeber selbst Geld, damit ich Kredite vergeben kann.

Das Geld kann ich als Kreditgeber zum Beispiel über Anleihen aufnehmen. Bei einer Anleihe hole ich mir das Geld nicht von der Bank, sondern von Investoren. Eine Anleihe hat eine Verzinsung, eine Laufzeit und eine Tilgung – genau wie ein normaler Kredit. Doch in diesem Fall bin ich nicht auf die Bank angewiesen, sondern auf (risikofreudige) Investoren.

Warum also überhaupt die P2P-Plattformen?

Weil Anleihen kompliziert sind. Es bedeutet Arbeit, unterliegt Gesetzen und die Anleger wollen auch noch Zinsen.

Und hier kommen unsere P2P-Plattformen ins Spiel. Die Plattformen bieten eine interessante und billigere Art an, um an neues Kapital zu kommen. Zumindest vermuten wir das, doch unterm Strich dürfte das der billigste Weg sein.

Die Kreditgeber sind, wie alle Firmen, gewinnorientiert. Wenn der Weg über einen Bankkredit oder über Anleihen billiger wäre, bräuchte es die P2P-Plattformen nicht. Wahrscheinlich ist es nicht nur der billigste, sondern auch der einfachste Weg in Bezug auf Gesetze und Regularien.

Unserer Meinung nach ist das der Grund, warum es den P2P-Markt überhaupt gibt.

Der Kreditgeber Mogo[32], welcher Autokredite auf Mintos anbietet, konnte den Spieß sogar umdrehen: Durch seine Größe und scheinbar gute wirtschaftliche Entwicklung konnte Mogo über zwei Anleihen bereits 75 Mio. Euro für 9,5% Zinsen einsammeln[33]. Auf Mintos zahlte Mogo uns Investoren ab 12%. Die Autoren hatten sogar Mogo-Kredite mit 14% Zinsen im Portfolio.

Was machte also Mogo? Sie nahmen die Millionen, die sie für 9,5% Zinsen bekommen hatten, und kauften damit die Kredite (für die sie 12% und mehr zahlen mussten) einfach wieder auf Mintos zurück[34].

---

32 https://mogo.finance/

33 https://blog.mintos.com/mogo-finance-platziert-erfolgreich-eur-25-mio-an-bestehender-95-unternehmensanleihe-2018-2022/ (Abrufdatum: 02.03.2019)

34 https://blog.mintos.com/mogo-hat-anleihe-im-wert-von-50-mio-eur-begeben/ (Abrufdatum: 02.03.2019)

Neue Mogo-Kredite werden aktuell auf Mintos „nur noch" mit 10% bis 11% Zinsen angeboten. Im Spätsommer 2018 testete Mogo auch 8% bis 9% Zinsen, war damit aber scheinbar nicht erfolgreich genug, so dass man sich aktuell wieder knapp im zweistelligen Bereich befindet.

Für uns ist das ein Beweis, dass unsere Vermutung korrekt ist. Für die Kreditgeber sind die P2P-Plattformen einfach der günstigste und schnellste Weg, um an Kapital zu kommen. Sobald andere Wege – wie die Anleihen bei Mogo – günstiger werden, nutzen die Kreditgeber diese natürlich sofort.

Ein weiterer interessanter Aspekt, den wir uns nun anschauen möchten, ist die Rückkaufgarantie (Buyback-Garantie). Denn seien wir ehrlich: Die Rückkaufgarantie, die der scheinbar wackeligen Angelegenheit ein stärkeres Maß an Sicherheit verleiht, zieht Investoren massiv an.

Aber wie funktioniert das Konstrukt „Rückkaufgarantie"? Irgendwie muss sich die Rückkaufgarantie finanzieren, geschenkt bekommen wir sie sicherlich nicht.

Die Rückkaufgarantie (Buyback-Garantie)

Die Rückkaufgarantie ist ein Versprechen vom Kreditgeber für den Fall der Fälle: Wenn ein Kredit ausfällt, wird den Investoren das investierte Geld erstattet. Die genaue Dauer (meist 30 oder 60 Tage) hängt von den Vorgaben der jeweiligen P2P-Plattform ab.

Um die Rückkaufgarantie an einem Beispiel zu erklären: Nehmen wir an, du bist aktiver P2P-Investor. Du hast 100 Euro in einen Kredit investiert. Die erste Rückzahlung ist, laut dem Zahlungsplan des Kredites, für den 01.02. datiert.

Nun passiert am 01.02. rein gar nichts. Auch die Tage und Wochen danach passiert nichts. Der Kreditnehmer zahlt einfach nicht. Jetzt kommt es auf die P2P-Plattform an: Entweder 30 oder 60 Tage nach dem Stichtag (01.02.) muss dir der Kreditgeber deinen Kreditanteil abkaufen und die investierten 100 Euro wieder zurückzahlen. Im Klartext bedeutet das für dich, dass du keinen Verlust gemacht hast, obwohl der Kredit ausgefallen ist. Du hast das zurückbekommen, was du eingesetzt hast.

Hast du vor dem Ausfall bereits 20 Euro Rückzahlung vom Kreditnehmer erhalten, dann kauft der Kreditgeber die Differenz zurück und bezahlt dir die noch offenen 80 Euro, so dass du in Summe dein investiertes Kapital zurückerhältst.

Die Rückkaufgarantie erstattet dir aber in den meisten Fällen nicht nur dein investiertes Kapital zurück, sondern es werden dir auch die entgangenen Zinsen bis zu diesem Zeitpunkt erstattet.

Egal ob der Kredit ausfällt oder nicht: Du bekommst nicht nur dein Geld zurück, sondern auch noch in voller Höhe die versprochenen Zinsen, die bis zum Zeitpunkt des Ausfalls angefallen wären!

Aber Achtung, nicht alle Plattformen bieten eine Rückkaufgarantie an. Auf manchen Plattformen bieten nur ausgewählte Kredite eine Rückkaufgarantie, und andere P2P-Plattformen bieten zwar eine Rückkaufgarantie an, diese zahlt dir aber nicht 100% deines Investments zurück oder erstattet nur dein Investment und keine entgangenen Zinsen.

Abbildung 3: Kredite mit einer Rückkaufgarantie sind meist mit einem Icon (Schildsymbol) und/oder einem Texthinweis gekennzeichnet (Quelle: www.mintos.com)

Darum ist es wichtig, die Augen offenzuhalten und die FAQs der P2P-Plattformen immer genau durchzulesen!

Gründe für die Auslösung der Rückkaufgarantie

Immer wieder treffen wir auf P2P-Investoren, die ganz entsetzt auf ihren Kontoauszug schauen und überrascht sind, wie oft die Rückkaufgarantie greift.

Oft kommt dann die Frage auf, wie viele Rückkäufe der Kreditgeber leisten kann, bevor sein Geschäftsmodell kippt. Denn genau das ist das Gefährliche an der Rückkaufgarantie, auf die auch niemand eine zufriedenstellende Antwort geben kann.

Aber der Eintrag „Rückkaufgarantie" bzw. „Buyback" auf deinem Kontoauszug kann unterschiedliche Gründe haben. Nicht immer steckt ein zahlungsunwilliger Kreditnehmer dahinter.

Wer genau hinschaut, sieht, dass manche P2P-Plattformen (z. B. Mintos) genaue Gründe für den Rückkauf angeben. Diese Gründe können zum Beispiel sein:

- eine Umschuldung des Kredites
- eine vorzeitige Rückzahlung des Kredites
- eine Verlängerung des Kredites

Drei Dinge, die du über die Rückkaufgarantie wissen musst

Die Rückkaufgarantie wird von vielen Investoren als Sicherheit wahrgenommen, was leider sehr trügerisch ist. Daher stellen wir dir drei Punkte rund um die Rückkaufgarantie vor, die du unbedingt verinnerlichen solltest.

1. Die Rückkaufgarantie ist keine Garantie!

Sowohl im deutschen Wort "Rückkaufgarantie" als auch im englischen Original "Buyback Guarantee" steckt das Wort "Garantie". Du solltest wissen, dass das Angebot überhaupt nichts mit einer Garantie zu tun hat.

Es wird dir lediglich freundlich zugesagt, dass man dir dein Geld und ggf. die entgangenen Zinsen erstattet. Die Zahlungen sind nicht garantiert, und das Versprechen ist auch in keiner Weise rückversichert.

Fällt der Kreditgeber aus, weil er zum Beispiel pleitegeht, dann wird er auch keine Rückkaufgarantie mehr leisten können. Dieser Fall ist keine Theorie: Im Sommer 2017 ist der Kreditgeber Eurocent auf Mintos ausgefallen und konnte die Rückkaufgarantie nicht mehr leisten.

Die Rückkaufgarantie mag für uns Investoren durchaus ihre Vorteile haben, sie ist aber in keiner Art und Weise sicher oder gar garantiert.

2. Die Rückkaufgarantie wird nicht vom Plattformanbieter bezahlt!

Wer bezahlt die Rückkaufgarantie? Viele Investoren nehmen an, dass die P2P-Plattform die Rückkaufgarantie leistet und du dein Geld vom Anbieter der Plattform erhältst.

Die Rückkaufgarantie wird aber ausschließlich vom jeweiligen Kreditgeber selbst geleistet, der Anbieter der P2P-Plattform hat nichts mit der Rückkaufgarantie zu tun.

Diesem Irrtum sitzen viele Investoren auf und nehmen an: „Plattform XY ist so groß, die machen so viel Gewinn, die werden mir meine paar Ausfälle schon bezahlen können."

Die P2P-Plattform kann ein reiner Dienstleister zwischen Kreditgeber und uns Investoren sein. Die Anbieter bieten mit der P2P-Plattform nur Dienstleistungen und Services an, haben aber mit den Krediten an sich überhaupt nichts zu tun.
Die P2P-Kreditplattformen könnten diesen Umstand viel transparenter auf ihren Webseiten beschreiben, tun sie aber leider nicht.

Auch wenn die P2P-Plattform und die Kreditgeber aus derselben Unternehmensgruppe kommen, ist das kein zusätzlicher Garant dafür, dass die Rückkaufgarantie auch tatsächlich immer gezahlt wird. Hierzu gibt es noch keine Erfahrungen.

3. Die Rückkaufgarantie ist kein Schutz, sondern nur eine Verschiebung des Risikos!

Ein Kreditnehmer erhält einen Kredit und muss diesen Kredit entsprechend wieder zurückzahlen. Das Risiko, dass du dein Geld nicht bekommst, hängt also vom Kreditnehmer ab.

Je besser die Bonität des Kreditnehmers, umso niedriger das Risiko.

Der Kreditgeber bietet dir eine Rückkaufgarantie an und sagt: Wenn der Kreditnehmer ausfällt und 30 oder 60 Tage nichts zahlt, dann erstattet er dir dein Investment und legt die verpassten Zinsen für den Zeitraum noch oben drauf.

Was ist nun passiert? Von wem hängt nun das Risiko ab, ob du dein Geld wiederbekommst?

Richtig, vom Kreditgeber. Das Risiko ist nicht weg, sondern hat sich nur vom Kreditnehmer zum Kreditgeber verlagert.

Fällt der Kreditnehmer aus, springt der Kreditgeber ein und kauft den (Rest-)Kredit zurück.

Fällt aber auch der Kreditgeber aus, kann dieser auch nicht mehr die Rückkaufgarantie erstatten.

Das solltest du immer im Hinterkopf behalten. Die Rückkaufgarantie ist keine Garantie und schon gar kein Allheilmittel.

Warum gibt es die Rückkaufgarantie?

Wenn die Rückkaufgarantie gar keine Garantie ist, warum bieten die Kreditgeber diese dann an?

Die Rückkaufgarantie gewähren die Kreditgeber unserer Meinung nach aus drei Gründen.

1. Weil die Kreditgeber ein Mahn- und Inkassowesen haben

Fällt dir als Investor einer deiner Kredite aus, dann hast du direkt ein Problem: Du hast keinen direkten Zugriff auf den Kreditnehmer und sprichst wahrscheinlich nicht einmal seine Sprache.

Ein Ausfall eines Kredites wäre für dich als Investor gleich ein richtiges Problem.

Für den Kreditgeber hingegen gehört das Mahn- und Inkassowesen zum Tagesgeschäft. Dass Kredite in die Verspätung gehen und auch ausfallen können, ist im Zinssatz bereits mit eingerechnet.

Außerdem kann ein Mahnwesen auch weitere Gebühren mit sich bringen. Über diese Gebühren lässt sich sicherlich, in gewissem Rahmen, noch der ein oder andere Euro zusätzlich verdienen.

2. Weil die Gewinnmarge des Kreditgebers die Zahlung zulässt

Die jeweiligen Kreditgeber verlangen Zinsen im teilweise dreistelligen Bereich. Uns Investoren werden auf den P2P-Plattformen „nur“ 8% bis 14% Zinsen angeboten. Die Spanne zwischen den beiden Zinssätzen ermöglicht dem Kreditgeber nun drei Dinge:

a) die Finanzierung der Rückkaufgarantie

b) die Zahlung einer Gebühr an die jeweilige P2P-Plattform für das Einstellen der Kredite

c) das Verkraften einer gewissen Ausfallquote bei den Kreditnehmern, mit denen jeder Kreditgeber rechnen muss

3. Vertrauen aufbauen

Ein weiterer Punkt ist natürlich das Schaffen von Vertrauen. Die Rückkaufgarantie gibt ein gutes Gefühl und ist ein hervorragendes Marketinginstrument. Denn seien wir ehrlich: Die meisten Investoren probieren das P2P-Investment ermutigt durch die Rückkaufgarantie aus.

Unserer Meinung nach sind das drei der wesentlichen Faktoren, warum Kreditgeber die Rückkaufgarantie anbieten.

Ohne Rückkaufgarantie könnte man uns Investoren wahrscheinlich noch viel höhere Zinssätze anbieten. Denn irgendwie muss sich die Rückkaufgarantie finanzieren. Die bekommen wir nicht geschenkt.

Bitte verstehe uns nicht falsch: Auch wir nutzen für unsere Investments in P2P-Kredite die Rückkaufgarantie. Der große Vorteil ist, dass du bei Ausfällen keine großen Wartezeiten hast und keinerlei direkte Abhängigkeiten von irgendwelchen Mahn- oder Inkassoprozessen. Und nach 30 oder 60 Tagen Warten bekommst du dein Geld samt den entgangenen Zinsen erstattet.

Die Rückkaufgarantie ist für uns Investoren ein geniales Werkzeug. Aber trotzdem ist und bleibt das Risiko beim Kreditgeber bestehen. Fällt dieser aus, ist damit auch sofort die Rückkaufgarantie erloschen. Einem nackten Mann kannst du nicht in die Taschen greifen. Uns ist es daher ein wichtiges Anliegen, dass du dir selbst ein Bild davon machst, wie das Konstrukt tatsächlich funktioniert.

Der Vollständigkeit wegen weisen wir darauf hin, dass zum Beispiel bei Mintos Kreditgeber aktiv sind, die zu größeren Unternehmensgruppen oder Konzernen gehören. Bei diesen Kreditgebern gibt es eine zusätzliche Garantie der Konzerngesellschaft (oder eines anderen verbundenen Unternehmens), die die Rückkaufverpflichtung sicherstellen soll.

Wir müssen aber auch darauf hinweisen, dass diese Garantien bisher noch keinem Härtetest unterzogen wurden. Daher können wir diese zusätzliche Garantie nicht bewerten.

Investieren in P2P-Kredite ohne Rückkaufgarantie

Wir haben uns im letzten Kapitel intensiv mit der Rückkaufgarantie beschäftigt und dir aufgezeigt, was die Rückkaufgarantie ist, wie sie funktioniert und warum die Kreditgeber den Rückkauf anbieten.

Bei den Krediten mit kurzer Laufzeit (Payday Loans) müssen die Kreditnehmer keine Sicherheiten hinterlegen.

Nun stellt sich für viele Investoren die Frage:

> *Würde ich auch in diese unbesicherten Verbraucherkredite auf P2P-Plattformen investieren, wenn es die Rückkaufgarantie nicht gäbe*?

Die Antwort lautet bei vielen: „Nein, würde ich nicht".

Warum? Weil wir die tatsächlichen Ausfallquoten nicht kennen. Würden 10% der Kreditnehmer ausfallen, könnte man den Ausfall durch eine breite Streuung vielleicht noch gut auffangen. Fallen mehr aus, wird die Sache für einen kleinen Investor sehr schwierig.

Zudem sind die Zinsen dafür zu niedrig. Wir würden unser Geld nicht für 10% investieren, wenn es keine Sicherheiten für uns gäbe.

Außerdem müsste die Frage geklärt sein, wie schnell das Mahnwesen und die Inkassoprozesse sind. In der Regel können sich solche Prozesse über Jahre hinweg ziehen. So lange zu warten ist aber für viele Investoren eher abschreckend.

Wenn man sich nun die Nachteile bei Ausfallquote, Zins und Inkassoprozess anschaut, würden wir ebenfalls nicht ohne Rückkaufgarantie in die Verbraucherkredite investieren.

Die Rückkaufgarantie ist in diesem Szenario ein durchaus hilfreiches Werkzeug, da es für uns Investoren ein paar Nachteile eliminiert – allen voran die langen Wartezeiten bei den Mahn- und Inkassoprozessen.

Trotzdem bleibt unsere Kritik stehen: Die Rückkaufgarantie müsste viel transparenter werden, und sie dürfte nicht mehr „Garantie“ genannt werden.

Es gibt aber auch P2P-Plattformen, die es geschafft haben, Verbraucherkredite ohne eine Rückkaufgarantie interessant zu machen. Der Anbieter Bondora ist eine sehr beliebte P2P-Plattform, die keine Rückkaufgarantie für die Kredite anbietet.

Auf dem firmeneigenen Blog[35] wird monatlich über die Mahn- und Inkassoerfolge berichtet. Zudem liegen die Zinsen bei durchschnittlichen 33,2%[36] und damit deutlich über dem Niveau von Rückkauf-Plattformen.

Damit bietet Bondora durchaus Vorteile, die für viele P2P-Investoren interessant sind.

---

[35] https://www.bondora.com/blog/de/category/schuldeneintreibung-de/ (Abrufdatum: 27.02.2019)

[36] https://www.bondora.com/de/public-statistics (Abrufdatum: 27.02.2019)

Durch die hohen Zinsen sind bei Bondora Jahresrenditen von 20% und mehr möglich. Da es aber keine Rückkaufgarantie gibt, ist auch die andere Richtung möglich. Es gibt Investoren, die bei Bondora Geld verlieren und negative Renditen erwirtschaften.

Daher solltest du auch hier nicht blindlings investieren, sondern immer wohlüberlegt!

Bei aller Euphorie für hohe Zinsen ist auch unbedingt zu differenzieren, wofür ein Kredit genommen wird bzw. an welcher Art von Krediten du dich als Anleger ohne Rückkaufgarantie beteiligst.

Erfahrungsgemäß sind die typischen Konsum- und Verbraucherkredite überproportional von Ausfällen betroffen, weswegen ein Investment ohne Absicherung hier eher zu Verlusten führen kann.

Investieren ohne die Rückkaufgarantie kannst du aber auch in anderen Bereichen als nur bei Verbraucherkrediten. Gerade bei Immobilienprojekten gibt es keine Rückkaufgarantie. Hier wird meist mit Sicherheiten in Form von Grundstücken, Ländereien oder anderen Immobilien gearbeitet. Größter Anbieter mit diesem „Sicherheitsnetz“ ist EstateGuru[37].

Auch bei Geschäftskrediten und dem Factoring wird oft mit Sicherheiten in Form von Bürgschaften gearbeitet. Bei Anbietern wie Lenndy[38] müssen Unternehmen zudem

---

37 https://estateguru.co/de

38 https://system.lenndy.com/de/

Waren bzw. Produkte hinterlegen, die als Sicherheiten dienen.

Zusammenfassend können wir sagen, dass sich Verbraucherkredite ohne Rückkaufgarantie nur lohnen, wenn das Zinsniveau entsprechend hoch ist, sich die Ausfallquoten im Rahmen halten und es eine gute und transparente Mahn- und Inkassopolitik gibt.

Investieren in P2P-Kredite ohne Rückkaufgarantie ist bei anderen Kreditarten – wie Immobilien- oder Geschäftskrediten – durchaus sinnvoll, da hier mit dinglichen Sicherheiten gearbeitet wird.

Folgende **Vorteile** sehen wir bei der Rückkaufgarantie:

- einfache und schnelle Rückerstattung des eingesetzten Kapitals
- oft werden auch entgangene Zinsen bezahlt
- keine langen Wartezeiten auf Mahn- und Inkassoprozesse

Aber es gibt bei der Rückkaufgarantie auch **Nachteile**:

- es ist keine echte Garantie
- fehlende Transparenz über die Finanzierung der Rückkaufgarantie
- Verlust möglich, wenn Kreditgeber pleitegeht

Beim **Investieren in P2P-Kredite ohne Rückkaufgarantie** sehen wir folgende **Vorteile**:

- meist noch höhere Zinsen auf die Kredite
- transparenteres und direkteres Investieren, da der Ausfall eines einzelnen Kreditnehmers nicht von einem Kreditgeber abgefangen wird
- abseits der Verbraucherkredite wird mit weiteren Sicherheiten gearbeitet

Aber auch hier sehen wir **Nachteile**:

- für ein erfolgreiches Investment braucht es eine breite Diversifizierung, damit ein Kreditausfall aufgefangen werden kann
- lange Dauer der Mahn- und Inkassoprozesse
- Verlust möglich, wenn Mahn- und Inkassoprozesse nicht oder nur teilweise erfolgreich sind

Wir sind davon überzeugt, dass es eine gute Diversifikation braucht, daher solltest du beide Angebote nutzen und in Kredite mit und in Kredite ohne Rückkaufgarantie investieren.

Das Verhältnis sollte deinem Risikoprofil entsprechen. Bei Krediten ohne Rückkaufgarantie empfehlen wir, auf weitere Sicherheiten zu achten, um einen möglichen Ausfall abzumildern.

Nun haben wir die Rückkaufgarantie ziemlich ausführlich beleuchtet und auch, wenn die Rückkaufgarantie keine

Garantie ist, so ist sie in den letzten Jahren doch ein attraktives Werkzeug gewesen.

Für das restliche Buch gehen wir davon aus, dass die Rückkaufgarantie weiterhin greift und du verinnerlicht hast, dass die Rückkaufgarantie nicht garantiert ist.

Da wir die Rückkaufgarantie selbst für unsere Investments nutzen, werden wir im restlichen Verlauf des Buches die Rückkaufgarantie positiv hervorheben, zum Beispiel, wenn wir ausgewählte P2P-Plattformen vorstellen oder über unsere eigenen Investments und Anlagestrategien berichten.

Die P2P-Plattformen

Mit den P2P-Plattformen weichen wir die ursprüngliche Definition von P2P-Krediten – „Kreditvergabe zwischen Privatpersonen ohne eine Bank oder einen Mittelsmann" – weiter auf.

Neben dem Kreditgeber brauchst du noch weitere Hilfe. Denn wie willst du mit den Kreditgebern in Kontakt kommen? Kennst du Kreditgeber in Kasachstan oder in Bulgarien? In welcher Sprache willst du dich mit ihnen verständigen? Und sollen sie dich immer anrufen, wenn gerade Kredite zum Investieren zur Verfügung stehen?

Auch das wäre alles sehr umständlich. Du willst ja nicht mit dutzenden Kreditnehmern in Kontakt stehen, sondern eine zentrale Anlaufstelle haben. Du brauchst eine Schnittstelle zwischen dir und eben diesen Kreditgebern.

Die Schnittstelle soll dir das Handeln und die Verwaltung der Kredite vereinfachen und gute Dienstleistungen bieten.

Und hier kommen die P2P-Plattformen ins Spiel. In diesem Kapitel schauen wir uns genau an, warum sie ein wichtiger Mehrwert für dich als Investor sind und welche Vorteile sie dir anbieten.

Was ist eine P2P-Plattform?

Eine P2P-Plattform ist erst mal nur eine ganz normale Webseite. Du kannst dich darauf umschauen wie auf jeder anderen Webseite auch. Du kannst dich über den Anbieter belesen, in den FAQs stöbern, Statistiken anschauen und vielleicht auch schon einen ersten Blick auf Kredite werfen.

Eine P2P-Plattform hat in der Regel mehrere Kreditgeber angeschlossen. Diese Kreditgeber vergeben Kredite an Kreditnehmer.

Diese Kredite werden auf der P2P-Plattform angeboten und „wir" Investoren können in diese Kredite investieren.

Um aber wirklich investieren zu können, musst du dich als allererstes bei der Plattform registrieren. Denn ohne Anmeldung kannst du kein Geld einzahlen, und ohne Kapital auf deinem Investorenkonto kannst du auch nicht in Kredite investieren.

Der Registrierungsprozess und der Ablauf ähneln einer Depoteröffnung bei einem Broker:

Egal, wo du dein Depot eröffnest, du musst ein paar persönliche Daten angeben und deine Identität bestätigen lassen. Bei deutschen Depotanbietern musst du ein Postident oder Videoident machen, um deine Identität bestätigen zu lassen. Den P2P-Plattformen reicht in den meisten Fällen bereits ein simples Foto deines Personalausweises oder deines Passes.

Möchtest du dich also auf einer P2P-Plattform anmelden, läuft dies fast immer nach dem selben Schema ab:

- Du registrierst dich
- Du erhältst deine Zugangsdaten per E-Mail
- Mit deinen Zugangsdaten kannst du dich auf der Webseite einloggen
- Nach dem Login siehst du alle verfügbaren Kredite
- Sobald du Kapital auf deinem P2P-Plattform-Konto hast, kannst du in diese Kredite investieren, deine Kreditanteile einsehen und diese ggf. auch wieder verkaufen

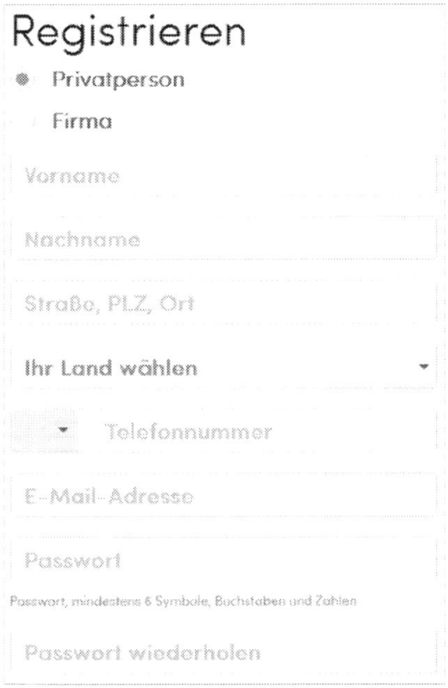

Abbildung 4: Registrierungsformular von Twino (Quelle: twino.eu)

In Abbildung 4 siehst du als Beispiel das Registrierungsformular der P2P-Plattform Twino.

Die Vorteile einer P2P-Plattform

Mit der Nutzung von P2P-Plattformen hast du einige Vorteile, die nicht ganz unerheblich sind und dir das Leben als Investor deutlich vereinfachen.

Eine kleine Auswahl dieser Vorteile wollen wir kurz vorstellen:

Bereitstellen der P2P-Plattform

Hierzu zählen das Hosting, die Pflege der Webseite, die Weiterentwicklung, usw.

Dass wir im Erstmarkt stöbern und einen zuverlässigen Autoinvestor nutzen können, ist guter Software geschuldet, die von den P2P-Plattform-Betreibern entwickelt wird. Auch die Rückzahlungsströme müssen beim richtigen Investor ankommen. Schließlich wollen wir uns alle auf unseren Kontoauszug verlassen.

Bereitstellen von neuen Krediten und / oder die Akquise von neuen Kreditgebern

Die Kredite erscheinen nicht von alleine auf der Plattform, und die Nachfrage steigt stetig. Wächst eine P2P-Plattform nicht mit der Anzahl der Investoren, können Engpässe bei der Kreditverfügbarkeit drohen und zu Unzufriedenheit unter den Investoren führen.

Die P2P-Kredite werden auf dem Erstmarkt eingestellt. Hier können wir Investoren manuell oder, falls verfügbar, über einen Autoinvestor investieren. Die Kredite werden vom Kreditgeber über Schnittstellen an die P2P-Plattform übertragen.

Bereitstellen eines Risiko Ratings der Kredite / Kreditgeber

Vor allem bei Krediten ohne Rückkaufgarantie ist dies ein sehr interessantes und hilfreiches Werkzeug. Grundlegend gibt es zwei Risiko Ratings:

Das **Kredit-Rating** basiert auf einer Bonitätsprüfung, die der Kreditgeber durchführt und deren Ergebnis die Plattform anzeigt. Daneben bieten Plattformen, die mit externen Kreditgebern arbeiten (z. B. Mintos), auch ein **Rating für die angebundenen Kreditgeber** an.

Das Rating ist eine Hilfestellung, um Kredite oder Kreditgeber bewerten zu können. Natürlich musst du dem Aussteller des Ratings vertrauen, sonst ist das Rating wertlos.

Prüfen der Identität der Investoren

Du als Investor wirst gebeten, ein Foto oder einen Scan von deinem Personalausweis oder deinem Pass hochzuladen. Damit wird deine Identität überprüft. Auf manchen P2P-Plattformen musst du vor der ersten Einzahlung deine Identität bestätigen. Ansonsten gilt, dass du vor der ersten Auszahlung durch die Identitätsprüfung gehen musst.

Anbieten einer Rückkaufgarantie

Auch wenn die Rückkaufgarantie nicht von den Plattformanbietern selbst, sondern vom Kreditgeber

getragen und finanziert wird, ist die Rückkaufgarantie ein Vorteil, da langwierige Mahn- und Inkassoprozesse umgangen werden.
Aber Achtung: Auch bei P2P-Plattformen, die mit Rückkaufgarantie werben, kann es trotzdem Kredite geben, die ohne Rückkaufgarantie angeboten werden.

Anbieten eines Zweitmarkts

Ein weiterer Service von P2P-Plattformen, der den Komfort deutlich verbessert, ist ein Zweitmarkt. Hier können Investoren jederzeit versuchen, eigene Kreditanteile zu verkaufen.

Nicht alle P2P-Plattformen bieten einen Zweitmarkt an. Zudem braucht es nicht immer einen Zweitmarkt, um Kreditanteile wieder verkaufen zu können.

Es gibt auch Anbieter, bei denen die Verkaufsangebote direkt wieder im Erstmarkt landen. In diesem Fall dürfen aber meist nur Kredite verkauft werden, die planmäßig verlaufen. Sobald ein Kredit in Verzug gerät, ist ein Verkauf dann nicht mehr möglich.

Anbieten eines Autoinvestors

Fast alle P2P-Plattformen bieten einen Autoinvestor an. Der Autoinvestor ist ein kleines, in die Seitenoberfläche integriertes Programm, das vollautomatisch nach den eigenen Wünschen dein verfügbares Kapital investiert – vorausgesetzt, es gibt genügend Kredite, die deinen Kriterien entsprechen.

Eventuell Anbieten von Krediten in anderen Währungen

Diese Option ist nur für Fans von Währungsspekulationen interessant. Auf ein paar P2P-Plattformen kannst du in Kredite in verschiedenen Währungen investieren, zum Beispiel in Kredite, die mit dem russischen Rubel oder dem georgischen Lari bezahlt werden.

Anbieten eines Telefon- und E-Mail-Services

Jeder Anleger hat mal ein Problem oder eine Frage. Manche P2P-Plattformen haben sich mittlerweile auch auf die deutschsprachige Community eingestellt und selten dauert die Bearbeitung einer E-Mail-Anfrage länger als einen Tag.

Zwei wichtige Unterschiede bei P2P-Plattformen

Du kennst nun die Gründe, warum eine P2P-Plattform benötigt wird, und wir haben dir einige Vorteile vorgestellt.
Natürlich gibt es von Anbieter zu Anbieter größere und kleinere Unterschiede. Das ist wie beim Auto: Alle haben vier Räder und ein Lenkrad, trotzdem gibt es im Kleinen und im Großen signifikante Unterschiede.

Bei den P2P-Plattformen wollen wir dir zwei wichtige Unterschiede ins Gedächtnis rufen, die wir bereits behandelt haben:

Die P2P-Plattformen unterscheiden sich nach **Vermittlungs- und nach Finanzierungsplattform**. Diesen Unterschied haben wir im Kapitel „Was sind vorfinanzierte Kredite?“ besprochen.

Kurzer Reminder: Auf den Vermittlungsplattformen finanzieren die Kreditgeber die Kredite vor und wir Investoren investieren in bereits bestehende Kredite.

Bei den Finanzierungsplattformen dürfen wir Investoren selbst entscheiden, welche Kreditgesuche erfolgreich werden und welche nicht. Die Kredite werden auf diesen Plattformen von Investoren finanziert.

Der zweite Unterschied ist, ob die P2P-Plattform **Kredite von intern oder extern** anbietet, also von Kreditgebern aus der eigenen Unternehmensgruppe kommen oder ob es sich um eigenständige Kreditgeber handelt.

Im Kapitel „Was ist ein Kreditgeber?“ haben wir dir den Unterschied zwischen externen und internen Kreditgebern erklärt. Das wirkt sich natürlich auf die Plattformen aus. Man kann zwei Kategorien von P2P-Plattformen unterscheiden:

1. die P2P-Plattformen, die gegründet werden, um Kredite aus der eigenen Unternehmensgruppe anzubieten (arbeitet mit internen Kreditgebern).

2. die P2P-Plattformen, die ausschließlich die Dienstleistungen und Services rund um die P2P-Vergabe anbieten, die eigentlichen Kredite aber von externen Kreditgebern einstellen lassen.

Da sich die P2P-Plattformen ständig weiterentwickeln, kann es immer wieder zu Änderungen kommen. Wer schon länger auf Mintos aktiv ist, kennt vielleicht noch den Satz bei den Kreditgebern Lendo, Banknote und Hipocredit „[...] ist ein dem Unternehmen Mintos nahestehendes Unternehmen, nach Definition der IAS24 [...]“.

Diese Verbindung wurde mittlerweile aufgelöst. Die drei genannten Kreditgeber sind keine dem Unternehmen Mintos nahestehenden Unternehmen mehr.

Bei P2P-Plattformen, die gegründet werden, um Kredite aus der eigenen Unternehmensgruppe anzubieten, ist die Abhängigkeit zwischen dem Anbieter der Plattform und den Kreditgebern natürlich vorhanden. Beide kommen aus derselben Unternehmensgruppe.

Zwar ist das Tochterunternehmen, das die Plattform betreibt, selbst nicht in der Kreditvergabe tätig, die anderen Tochterunternehmen der Unternehmensgruppe hingegen schon. Und genau von diesen Unternehmen stammen auch die angebotenen Kredite.

Es gibt immer wieder Investoren, die darauf spekulieren, dass die Unternehmensgruppe bei Engpässen oder bei der Pleite eines Tochterunternehmens einspringt und ggf. Ausfälle auffängt, um den Ruf der P2P-Plattform nicht zu schädigen. Das bleibt aber reine Spekulation!

Genauso gibt es Investoren, die befürchten, dass die Unternehmensgruppe "mauscheln" könnte.

Wie du siehst gibt es bei der Struktur der P2P-Plattformen kein "besser oder schlechter". Es sind einfach zwei verschiedene Strukturen, und du solltest den Unterschied kennen und genau wissen, wo du dein Geld investierst.

Gebühren bei P2P-Plattformen

Die uns bekannten P2P-Plattformen in Osteuropa sind für Nutzer auf der Anlegerseite gebührenfrei. Es fallen keine Kosten an, wenn du in P2P-Kredite investierst.

Ein paar P2P-Plattformen verlangen beim Verkaufen von Krediten allerdings eine Gebühr (z. B. Lenndy). Zudem gibt es bei einigen Anbietern eine kleine Gebühr bei der Auszahlung zurück aufs eigene Bankkonto (z. B. bei NEO Finance oder auch bei Bondora).

Da sich die Gebührenmodelle schnell ändern können, solltest du vor dem ersten Investieren noch einmal genau hinschauen. Du kannst auch unsere Blogs nutzen, um dich auf dem Laufenden zu halten.

Wie finanziert sich eine P2P-Plattform?

Da die P2P-Plattformen für uns Investoren weitestgehend gebührenfrei sind, stellt sich natürlich die Frage, wie sie nun ihr Geld verdienen.

Bezahlt werden die Anbieter der P2P-Plattformen von den Kreditgebern. Dass ein Kreditgeber seine Kredite auf der P2P-Plattform anbieten darf, lässt sich der Plattformbetreiber vergüten – damit verdient er sein Geld.

Die Dienstleistungen der P2P-Plattformen

Wir sind bereits kurz auf die Vorteile von P2P-Plattformen eingegangen, mit denen uns Investoren das Investieren vereinfacht wird. In diesem Kapitel möchten wir dir die wichtigsten Dienstleistungen und Services, die die P2P-Plattformen anbieten, genauer vorstellen.

Was ist der Erstmarkt / Primärmarkt?

Der Erstmarkt, auch Primärmarkt genannt, ist der Ort, an dem Kreditgeber ihre verfügbaren Kredite bereitstellen.

Alle Kredite, die ein Kreditgeber auf der Plattform bereitstellt, landen im Erstmarkt. Jeder, der sich einen Überblick verschaffen möchte, welche Kredite aktuell verfügbar sind, kann dies hier tun.

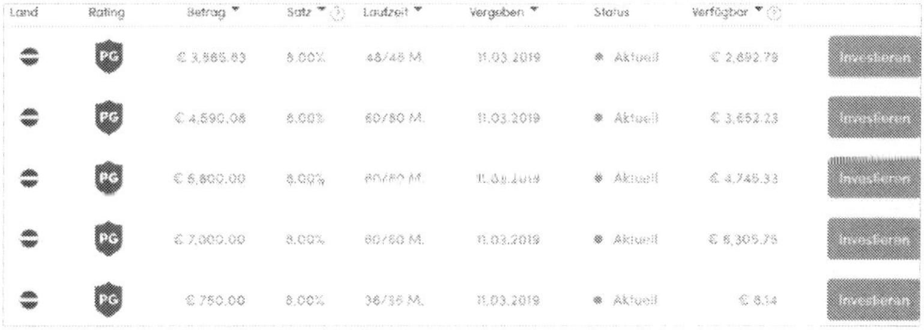

Land	Rating	Betrag	Satz	Laufzeit	Vergeben	Status	Verfügbar	
	PG	€ 3,565.63	8.00%	48/48 M.	11.03.2019	Aktuell	€ 2,692.78	Investieren
	PG	€ 4,590.08	8.00%	60/60 M.	11.03.2019	Aktuell	€ 3,652.23	Investieren
	PG	€ 6,800.00	8.00%	[illegible]	[illegible]	Aktuell	€ 4,745.33	Investieren
	PG	€ 7,000.00	8.00%	60/60 M.	11.03.2019	Aktuell	€ 6,305.75	Investieren
	PG	€ 750.00	8.00%	36/36 M.	11.03.2019	Aktuell	€ 8.14	Investieren

Abbildung 5: Erstmarkt bei Twino (Quelle: twino.eu)

In Abbildung 5 siehst du einen Auszug aus dem Erstmarkt der P2P-Plattform Twino. Die Darstellung der Erstmärkte der einzelnen P2P-Plattformen ist sehr ähnlich aufgebaut:

Es wird immer eine Filterleiste angeboten, in der du das Kreditangebot nach deinen persönlichen Wünschen filtern kannst.

Beim oben aufgeführten Beispiel (Twino) kannst du nach dem Zinssatz oder der Laufzeit filtern. Zudem hast du über zwei Drop-Down-Menüs die Auswahl zwischen gezielten Ländern oder dem Kreditrating. Mit diesem Werkzeug kannst du dir in kurzer Zeit einen Überblick verschaffen, ob es z. B. auf dem Erstmarkt Kredite aus Polen oder Spanien gibt, die mindestens 10% Zinsen bringen und mit der Rückkaufgarantie besichert sind.

Unter der Filterleiste vom Erstmarkt werden die Kredite in tabellarischer Form dargestellt. Wenn du keine Filter gesetzt hast, werden immer alle verfügbaren Kredite angezeigt.

Du hast nun die Möglichkeit, dir weitere Details zu den einzelnen Krediten anzuschauen. In den Details kannst du unter anderem den Zahlungsplan sehen. Dem Zahlungsplan kannst du entnehmen, wann und in wie vielen Raten der Kreditnehmer den Kredit zurückzahlen soll.

Neben weiteren Informationen zum Kredit – wie Laufzeit, Zinssatz, Darlehenshöhe – erfährst du auch, wer der Kreditgeber ist. Zudem kannst du einsehen, wie viel vom Kreditbetrag bereits investiert wurde und welche Summe noch investiert werden kann.

Ob und wie viele Details du über den eigentlichen Kreditnehmer erhältst, hängt vom P2P-Plattformtyp ab.

Die umfassendsten Informationen zum Kreditnehmer erhältst du auf den Finanzierungsplattformen.

Außerdem kannst du in den Details sehen, ob der Kreditgeber eine Rückkaufgarantie für diesen Kredit anbietet. Meist wird die Rückkaufgarantie zusätzlich mit einem Icon in Form eines Schildes symbolisiert.

Auf dem Erstmarkt kannst du dir die Kredite nicht nur anzeigen lassen und nach ihnen suchen und filtern, sondern kannst hier direkt in Kredite investieren. Neben dem Autoinvestor sind das die beiden üblichen Investmentmöglichkeiten.

Es gibt aber auch Anbieter, die auf ihrer Plattform auf einen Erstmarkt komplett verzichten. Damit gibt es keine Option, manuell in Kredite zu investieren. Diese Plattformen erlauben nur das automatische Investment über den Autoinvestor. Bekannt dafür sind die beiden P2P-Plattformen Bondora und Robocash[39].

Wir vermuten, dass die Erfahrungen gezeigt haben, dass die meisten Investoren über den Autoinvestor investieren. Daher sparen sich manche P2P-Plattformen den Entwicklungsaufwand und die Pflege eines Erstmarkts.

[39] https://robo.cash/de

Was ist der Zweitmarkt / Sekundärmarkt?

Der Zweitmarkt, auch „Sekundärmarkt“ genannt, ist ein Handelsplatz, auf dem Investoren untereinander ihre Kredite kaufen oder verkaufen können.

Man kann sich das so vorstellen, dass auf dem Erstmarkt neue Kredite veröffentlicht werden, jeder Investor dann in diese Kredite investieren kann und damit einen Anteil vom Kredit erhält.

Auf dem Zweitmarkt wiederum kann jeder Investor diese Kreditanteile verkaufen. Es ist wie eine Art "eBay Kleinanzeigen", wo Second-Hand-Kredite gehandelt werden. Der Zweitmarkt kann je nach Plattform unterschiedlich funktionieren.

Es gibt P2P-Plattformen, da wird der zu verkaufende Anteil einfach wieder auf den Erstmarkt gestellt, und du als Verkäufer hast keine Möglichkeit, einen Auf- oder Abschlag einzustellen. Aber beachte, dass sich bei dieser Konstellation oft nur Kreditanteile verkaufen lassen, wenn der Kredit nach Plan verläuft.

Bei anderen Plattformen gibt es einen separaten Handelsplatz für den Zweitmarkt. Hier kannst du beim Verkauf einen Auf- oder Abschlag verlangen und kannst somit Kredite über (Aufschlag) oder unter (Abschlag) dem aktuellen Wert verkaufen.

Für den einen oder anderen Investor mag der Zweitmarkt auf den ersten Blick vielleicht wenig Sinn ergeben. Ein

Zweitmarkt hat aber nicht nur einen Sinn, er hat unserer Meinung nach gleich drei große Vorteile:

1. Die Liquidität

Du willst deine Kredite schnell zu Geld machen und nicht warten, bis die Kreditlaufzeit zu Ende ist? Dann kannst du deine Kredite hier verkaufen.

Aber Achtung: Nur, weil ein Zweitmarkt vorhanden ist, heißt das nicht, dass du jeden Kredit auch tatsächlich verkauft bekommst. Gerade Kredite, die nicht nach dem Rückzahlungsplan verlaufen (sprich: sich z. B. verzögern) und keine Rückkaufgarantie haben, sind oft schwer oder nur mit starken Verlusten verkäuflich.

2. Die Verfügbarkeit

Der Erstmarkt ist leergefegt, aber du möchtest trotzdem investieren? Dann kannst du auf dem Zweitmarkt nach interessanten Angeboten suchen. Achte aber unbedingt darauf, keinen zu teuren Aufschlag zu bezahlen. Nicht jedes vermeintliche Schnäppchen ist auch tatsächlich eines.

3. Die Spekulation

Du kannst deine Kredite am Zweitmarkt mit Auf- und Abschlägen verkaufen. Du hast einen Kredit ohne Rückkaufgarantie, der mit der letzten Zahlung verzögert ist? Nun könnte es sein, dass du nervös wirst und den Kredit lieber schnell loswerden möchtest. Deshalb kannst du den Kredit auf dem Zweitmarkt mit einem Abschlag anbieten und auf einen risikofreudigeren Investor hoffen.

Andererseits kannst du gut laufende Kredite, die dem Rückzahlungsplan entsprechen, mit einem Aufschlag zum Verkauf anbieten und auf einen kleinen zusätzlichen Gewinn hoffen.

Auf mancher Plattform ist der Zweitmarkt eine Wissenschaft für sich. Er eröffnet einen ganz eigenen Kosmos an Investmentstrategien, um die Rendite zu erhöhen. Es gibt auch Investoren, die nur auf den Zweitmarkt fokussiert sind und nach Schnäppchen suchen.

Unsere Empfehlung zum Zweitmarkt

Einsteigern raten wir, sich zu Beginn auf den Erstmarkt zu konzentrieren. Durch die Aufschläge kannst du bei den Zweitmärkten auch teures Lehrgeld bezahlen. Bevor du auf dem Zweitmarkt investierst, solltest du dich ausführlich mit diesem beschäftigen.

Für Investoren, die gerade mit P2P-Krediten starten, ist es vor allem wichtig zu wissen, dass sie jederzeit die Möglichkeit haben, ihre Kredite auf dem Zweitmarkt zum Verkauf anzubieten. Dabei haben unserer Erfahrung nach Kredite mit Rückkaufgarantie die besten Chancen, schnell einen Käufer zu finden.

Achtung vor Gebühren! Es gibt noch vereinzelt P2P-Plattformen, bei denen der Verkauf von Kreditanteilen eine Gebühr kostet, zum Beispiel die P2P-Plattformen Lenndy und NEO Finance.

Was ist der Autoinvestor?

Einen Autoinvestor kannst du dir als Programm vorstellen, das für dich rund um die Uhr investiert.

Du sagst dem Autoinvestor, was du gerne hättest, und der Autoinvestor investiert ausschließlich nach deinen Vorgaben. Im Falle unserer P2P-Kredite könnte so ein Wunsch z. B. wie folgt aussehen:

- du möchtest nur Kredite aus Polen und
- nur Kredite mit einer maximalen Laufzeit von 12 Monaten und
- die Kredite sollen alle mit einer Rückkaufgarantie ausgestattet sein und
- du möchtest nur in Kredite mit mindestens 11% Zinsen investieren.

Der Autoinvestor ist einfach ein Formular, das du ganz leicht per Maus und Tastatur ausfüllen und aktivieren kannst.

Du kannst dann selbst entscheiden, ob du deinen Autoinvestor startest, ihn stoppst/pausierst, änderst oder wieder löschst.

Außerdem kannst du oft auch mehrere Konfigurationen des Autoinvestors auf einer Plattform parallel anlegen und aktivieren. Dies ist immer dann ratsam, wenn du verschiedene Strategien verfolgst oder das Risiko diversifizieren möchtest, indem du z. B. einen ersten Autoinvestor mit hochrentablen Kurzzeit-Krediten und einen zweiten Autoinvestor mit mehrjährigen, aber dafür per Rückkaufgarantie „besicherten“ Krediten parallel investieren lässt.

Der Autoinvestor sieht auf den verschiedenen Plattformen immer etwas anders aus, funktioniert aber immer nach dem gleichen Muster.

In der nachfolgenden Abbildung siehst du den Aufbau des Autoinvestors der P2P-Plattform Viainvest[40].

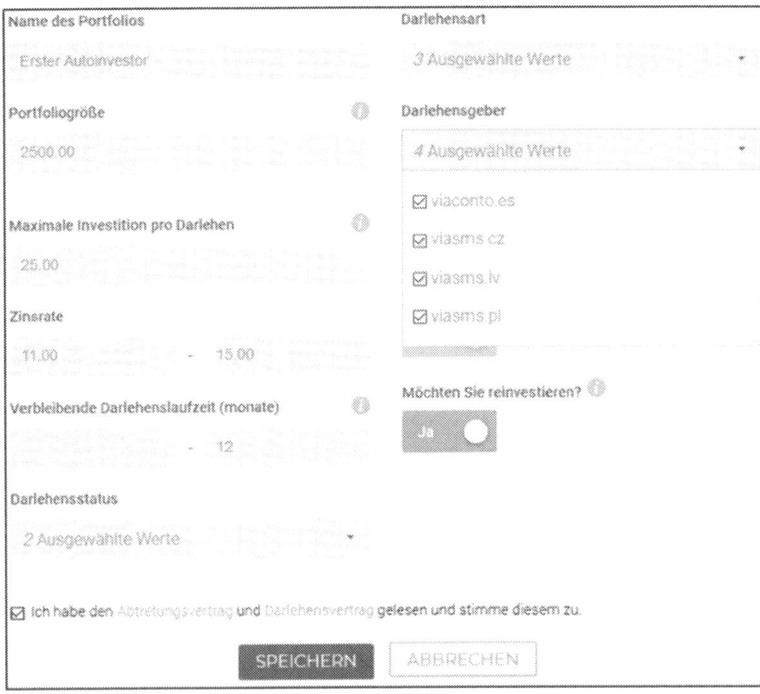

Abbildung 6: Autoinvestor bei Viainvest (Quelle: Viainvest.com)

Über übliche Eingabefelder kannst du deine Zinswünsche oder die maximale Investition pro Kredit eingeben.

---

[40] https://viainvest.com/

Kreditarten oder die Auswahl von Kreditgebern kannst du über Drop-Down-Menüs einstellen.

Bei fast allen Autoinvestoren wirst du folgende Einstellungsmöglichkeiten finden:

Die Portfoliogröße

Hier darfst du festlegen, bis zu welcher Größe der Autoinvestor tätig werden soll. Hast du zum Beispiel 1.000 Euro eingezahlt und möchtest, dass mit diesem Autoinvestor nur 500 Euro davon investiert werden sollen, dann legst du dieses Limit mit der Portfoliogröße fest.

Maximale Investition pro Darlehen / Kredit

Die meisten Plattformen erlauben es dir, bereits ab 10 Euro pro Kredit zu investieren. Trägst du hier 10 Euro ein, dann werden auch nur 10 Euro pro Kredit investiert. Bei großen Portfolios kann es sinnvoll sein, dieses Limit nach oben zu setzten, einfach um das Portfolio überschaubarer zu halten. Zudem kann es auf der P2P-Plattform auch mal zu Engpässen bei der Kreditverfügbarkeit kommen; dann könnte es ebenfalls helfen, den Betrag nach oben zu setzen. Du könnest dann in die wenigen Kredite, die vorhanden sind, einfach mehr Geld investieren.

Bei einigen Plattformen kannst du auch eine Range einstellen, dass zum Beispiel zwischen 10 und 30 Euro pro Kredit investiert werden dürfen. Dann investiert der

Autoinvestor mal 10 Euro, mal 22,50 Euro oder auch die vollen 30 Euro.

Die Zinsrate

Hier gibt es zwei Felder: ein Von- und ein Bis-Feld. Welche Zinsen willst du mindestens erreichen und welche maximal? Diese Wünsche kannst du hier einstellen.

Kreditart / Darlehensart

In welche Kredite möchtest du investieren? In Verbraucherkredite? In Autokredite? Ausschließlich in Unternehmenskredite? Diese Wünsche kannst du hier hinterlegen. Hier gibst du keinen eigenen Text ein, sondern markierst die Kreditarten, in die du investieren möchtest.

Darlehensgeber / Kreditgeber

Gibt es auf der Plattform Kreditgeber, von denen du keine Kredite im Portfolio haben möchtest, z. B. weil sich innerhalb der Community negative Erfahrungen häufen? Dann kannst du hier Kreditgeber entfernen bzw. ausschließen.

Rückkaufgarantie / Buyback Garantie

Möchtest du in Kredite mit oder ohne Rückkaufgarantie investieren? Die Auswahl kann hier getroffen werden.

Reinvestieren

Darf der Autoinvestor deine Rückflüsse, Zinsen etc. wieder in neue Projekte reinvestieren oder sollen sie ausgezahlt werden? Du kannst das vielleicht grob mit ETFs vergleichen. Auch hier gibt es thesaurierende und ausschüttende ETFs. Um dir noch mehr Arbeit abzunehmen, kann der Autoinvestor auch alle Rückzahlungen automatisch wieder neu investieren. Wie bei einem ETF darfst du selbst entscheiden, ob du das automatische Reinvestieren wahrnehmen möchtest oder nicht. Anders als bei ETFs kannst du diese Option aber jederzeit wieder ändern.

Darlehens- / Kreditlaufzeit

Hast du Wünsche bezüglich der Laufzeit der Kredite? Auch hier gibt es ein Von- und ein Bis-Feld. Wenn du beispielsweise nur in Kredite investieren möchtest, die maximal 1 Jahr laufen, dann würdest du in das Von-Feld 0 eintragen und in das Bis-Feld eine 12 (Monate).

Darlehens- / Kreditstatus

Möchtest du nur in Kredite investieren, deren Status "aktuell" ist, also bei denen die Zahlungen noch "nach Plan" verlaufen? Oder nimmst du auch Kredite in dein Portfolio auf, die bereits „in Verzögerung" sind? Gerade bei Krediten mit Rückkaufgarantie ist es manchen Investoren egal, welchen Status der Kredit hat. Falls es dir nicht egal ist, kannst du solche Kredite an dieser Stelle ausschließen.

Welche Vorteile bringt dir der Autoinvestor?

Auf vielen der P2P-Plattformen in Ostereuropa ist das Mindestinvestment sehr niedrig und liegt bei nur 10 Euro pro Kredit. Bei Bondora liegt das Mindestinvestment sogar bei nur einem Euro.

Viele Investoren wollen ihr Risiko streuen und investieren auch nur die jeweilige Mindestinvestmentsumme pro Kredit. Wenn man nun beispielsweise 1.000 Euro investieren möchte, müsste man manuell 100 Kredite suchen und in diese manuell je 10 Euro investieren.

Das ist aufwändig, kostet viel Zeit und macht auf vielen der Plattformen auch überhaupt keinen Sinn. Warum? Wie du bereits gelernt hast, stellen die meisten der P2P-Plattformen viel zu wenig Informationen zu den Krediten zur Verfügung. Vor allem die Anbieter, die mit der Rückkaufgarantie werben, reduzieren die Kreditinformationen auf ein absolutes Minimum.

Abbildung 7: Angaben zum Kreditnehmer (Quelle: mintos.com)

Der Screenshot in Abbildung 7 zeigt die Informationen über den Kreditnehmer eines Verbraucherkredites vom Mintos-Marktplatz.
Mit diesen wenigen Angaben lässt sich also keine valide Einschätzung über die Kreditwürdigkeit des Kreditnehmers treffen. Auch aus diesem Grund setzen viele Investoren auf den Autoinvestor.

Der Autoinvestor spart nicht nur Zeit, sondern auch Nerven. Aus eigener Erfahrung können wir sagen, dass man manuell nicht gern in dutzende oder gar hunderte Kredite investiert. Das manuelle Investieren im großen Stil kostet einfach viel zu viel Zeit. Gerade wenn du in Privatkredite mit 10 Euro investierst, sind zum einen die angebotenen Informationen über den Kredit viel zu gering, als dass du damit eine Bewertung durchführen könntest. Zum anderen laufen gerade die Kredite mit kurzer Laufzeit (Payday Loans) nur einen Monat. Die Zinserträge liegen daher bei 10 Euro im niedrigen Cent-Bereich, daher lohnt sich der manuelle Aufwand meist gar nicht.

Vor allem bei Plattformen, die eine Rückkaufgarantie anbieten, hat es sich etabliert, dass Investoren den Autoinvestor nutzen. Im Falle eines Ausfalls verschiebt sich das Risiko zum Kreditgeber, und dieser erstattet uns Investoren unser Geld (ggf. samt Zinsen) zurück.

Das Schöne am Autoinvestor ist, dass jeder Investor selbst entscheiden kann, ob er diesen nutzen möchte oder nicht. Wir kennen aber auch eine Handvoll Leser unserer Blogs, die die volle Kontrolle behalten und ihr Geld konsequent selbst investieren möchten. Daher sollte es jeder für sich so handhaben, wie er selbst es eben möchte.

Es gibt aber auch P2P-Plattformen, die ein manuelles Investieren schon gar nicht mehr zulassen: Jedes Investment läuft nur voll automatisiert über den Autoinvestor ab – oder gar nicht.

Mit dem Autoinvestor hast du nicht nur eine deutliche Zeitersparnis, sondern auch eine automatische Diversifikation. Manche Autoinvestoren lassen sich so einstellen, dass sie breit über Kreditarten, Länder und Kreditgeber hinweg investieren.

Wer manuell investiert, wird die Diversifikation in diesem Umfang nur mit massivem Aufwand schaffen.

Außerdem bietet ein Autoinvestor den Vorteil, dass du nicht auf die Kredite auf dem Erstmarkt angewiesen bist. Gerade bei kleineren P2P-Plattformen sind die Erstmärkte meistens leer und die Kredite mit hohen Zinsen nur sehr selten oder nur sehr kurz verfügbar.

Ein Autoinvestor investiert für dich rund um die Uhr!

Und genau hier sind wir bei einem weiteren großen Vorteil. Er investiert nicht nur rund um die Uhr, sondern auch immer das frei verfügbare Kapital. Natürlich nur, wenn du dies im Autoinvestor so eingestellt hast.

So werden alle Rückflüsse und gegebenenfalls deine monatlichen Einzahlungen ohne weiteres Zutun investiert.

Damit ist der Autoinvestor für uns die wichtigste und effektivste Dienstleistung der P2P-Plattform. Aber

Achtung, kontrolliere und überprüfe den Autoinvestor regelmäßig. Denn es kann immer zu Änderungen kommen. Meist ändert sich das Zinsgefüge oder du kannst neue Kreditgeber oder Länder aufnehmen.

Bei der Einstellung deines Autoinvestors solltest du immer mit großer Sorgfalt vorgehen. Auch wenn dir das Tool sehr viele Vorteile bringt, gibt es doch den großen Nachteil, dass Fehler schnell bestraft werden.

Einmal aktiviert investiert der Autoinvestor in Sekunden dein freies Kapital. Du solltest daher immer darauf achten, dass alle Einstellungen korrekt sind.

Wer wichtige Einstellungen vergisst, kann später Kredite im Portfolio haben, die so niemals beim manuellen Investieren Beachtung gefunden hätten.

Das Dashboard

Das Dashboard ist das Herzstück einer jeden P2P-Plattform. Nach jedem Login landest du immer zuerst auf deinem Dashboard.

Das Dashboard unterscheidet sich optisch je nach Anbieter. Die Informationen, die das Dashboard bereithält, sind aber weitestgehend identisch.

Der Kontostand

Auf dem Dashboard bekommst du immer deinen aktuellen Kontostand angezeigt. Diese Information besteht aus der Angabe der „Verfügbaren Mittel“ und der „Investierten Mittel“.

Abbildung 8: Kontostand bei PeerBerry (Quelle: peerberry.com)

Die Rendite

Natürlich darf das Wichtigste auf dem Dashboard nicht fehlen: die Anzeige deiner aktuellen Rendite. Die Rendite wird leider von den Anbietern immer etwas unterschiedlich berechnet. Oft findest du in den FAQs Angaben, wie genau die Rendite vom Anbieter berechnet wird. Im Kapitel „Wie du deine Rendite berechnest“ beschäftigen wir uns noch ausführlich mit der Berechnung deiner Rendite.

Abbildung 9: Renditeanzeige bei Mintos (Quelle: mintos.com)

Bei der Übersicht deiner Rendite werden oft auch noch deine Einnahmen und Ausgaben mit angezeigt und aus welchen Quellen diese Einnahmen bzw. Ausgaben stammen. Dies können Einnahmen wie Zinsen, Verzugsgebühren oder Aktionsbelohnungen sein, aber auch Ausgaben wie Servicegebühren oder Zweitmarktgebühren.

Die aktuellen Investitionen

Neben dem Kontostand und deiner Rendite wird dir eine Übersicht über deine aktuellen Investitionen geboten. Du siehst auf einen Blick, in wie viele Kredite du aktuell investiert bist und in welchem Status sich die Kredite jeweils befinden.

Dabei findet man oft folgende Unterteilung:

- Aktuell
- Schonfrist
- 1-15 Tage Verzug
- 16-30 Tage Verzug
- 31-60 Tage Verzug
- Länger als 60 Tage Verzug
- Ausgefallen

Die Statusangaben unterscheiden sich leicht zwischen den P2P-Plattformen.

Der Status eines Kredites

Auch wenn der Status keine direkte Dienstleistung der Plattform ist, möchten wir an dieser Stelle direkt auf die einzelnen Status eingehen.

Aktuell

Der Kredit wird nach Zahlungsplan bedient. Der Kreditnehmer zahlt fristgerecht, alles ist in Ordnung.

Schonfrist

Der Kredit befindet sich in der Schonfrist, da der Kreditnehmer nicht entsprechend dem Zahlungsplan seiner Rückzahlung nachgekommen ist.

1-X Tage in Verzug oder Verspätung

Der Kredit befindet sich seit mindestens einem Tag in Verzug. Der Verzug kann auch als „Verspätung" betitelt werden.

Verlängert

Ein Kredit kann auf manchen Plattformen durch den Kreditnehmer verlängert werden. Natürlich müssen auch in einer Verlängerung Zinsen bezahlt werden. Nach einer gewissen Anzahl an Verlängerungen greift oft automatisch die Rückkaufgarantie.

Ausgefallen

Kredite ohne Rückkaufgarantie können natürlich auch ausfallen.

Eingetrieben

Ebenfalls nur bei Krediten ohne Rückkaufgarantie können offene Forderungen ggf. eingetrieben werden.

Was ist die Schonfrist?

Wir haben beim Status der Kredite den Begriff „Schonfrist" benutzt. Sind die Begriffe „aktuell" und „ausgefallen" fast noch selbsterklärend, ist der Status „Schonfrist" nicht ganz so trivial.

Die Schonfrist gewährt dem Kreditnehmer einen kleinen Puffer, bevor der Kredit als „verspätet" markiert wird und der Kreditnehmer zum Beispiel etwaige Verzugszinsen zahlen müsste.

Nehmen wir an, der nächste Zahlungstermin ist ein Samstag. Auch wenn der Kreditnehmer pünktlich (z. B. am

Freitag) überweisen würde, würde die Zahlung eventuell erst am Montag beim Kreditgeber ankommen.

Rein rechnerisch betrachtet müsste der Kredit aber bereits Sonntag als „verspätet / überfällig“ gekennzeichnet werden und der Kreditnehmer müsste Strafzinsen oder den Verzug bezahlen.

Bei einer Verspätung kann ein Kreditgeber auf die Verspätung separat Zinsen oder sogar eine Strafgebühr verlangen.

Die Zinsen bzw. die Strafgebühr werden auf Tagesbasis berechnet. Da gerade bei den Verbraucherkrediten mit kurzer Laufzeit die Kredite eher gering sind (meistens deutlich unter 500 Euro), geht es oft um sehr kleine Beträge.

Daher sind die Strafen für ein paar Tage Verzug oft so gering, dass sich die Eintreibungen nicht lohnen würden.

Damit hier etwas Spielraum gewonnen wird, gibt es die Schonfrist. Auf der P2P-Plattform Mintos gewährt ein Großteil der Kreditgeber eine Schonfrist von bis zu 5 Tagen[41].

---

[41] https://www.mintos.com/de/darlehensanbahner#details (Abrufdatum: 06.02.2019)

Hat die Schonfrist einen Einfluss auf die Rückkaufgarantie?

Um die Schonfrist ranken sich viele Meinungen und Mythen. Einige Investoren sind der Meinung, dass die Schonfrist die Rückkaufgarantie nach hinten schieben würde. Das tut sie nicht! Wir haben uns dies von Mintos bestätigen lassen.

Die Rückkaufgarantie fängt immer am Folgetag nach dem verpassten Zahlungstermin an zu zählen. Die Schonfrist regelt nur einen Kulanzzeitraum, in dem der Kreditnehmer keine Verzugs- oder Strafzinsen bezahlen muss.

Hat die Schonfrist einen Einfluss auf die Verzugszinsen?

Viele der Kreditgeber verlangen Zinsen auf den Verzug. Wie berechnen sich bei der Schonfrist die Verzugszinsen?

Für die Antwort auf die Frage nutzen wir gleich ein konkretes Beispiel:

Ein Kreditgeber vergibt 15 Tage Schonfrist und verlangt anschließend Verzugszinsen.

Ein Kreditnehmer verpasst nun seinen Zahlungstermin. Sofort greift die Schonfrist. Zahlt der Kreditnehmer nun innerhalb dieser 15 Tage nach, dann muss er auf diese verspätete Zahlung keine Verzugszinsen bezahlen.

Er hat im Rahmen der Schonfrist seine Nachzahlung geleistet und entgeht damit der Zahlung etwaiger Verzugszinsen.

Zahlt der Kreditnehmer aber erst nach 20 Tagen, dann muss er auch für die vollen 20 Tage Verzugszinsen bezahlen.

Die Schonfrist ist also kein Freibrief für den Kreditnehmer!

Der Kontoauszug

Ein Kontoauszug ist – Überraschung! – ein Auszug über alle Transaktionen innerhalb deines P2P-Plattform-Kontos. Egal ob Eingang oder Ausgang, auf dem Kontoauszug findest du jede noch so kleine Kontobewegung.

Datum	Einzelheiten	Umsatz	Saldo
03.09.2018	Transaktions-Nr.: 423813281 - Darlehen Nr. 4330145-01 Zinsen	0.37	€ 17.09
03.09.2018	Transaktions-Nr.: 423813313 - Darlehen Nr. 4330145-01 Hauptbetrag	0.17	€ 17.26
03.09.2018	Transaktions-Nr.: 423827184 - Darlehen Nr. 4330008-01 Zinsen	0.37	€ 17.63
03.09.2018	Transaktions-Nr.: 423827261 - Darlehen Nr. 4330008-01 Hauptbetrag	0.17	€ 17.80
03.09.2018	Transaktions-Nr.: 423852939 - Darlehen Nr. 4929255-01 Zinsen	0.04	€ 17.85
03.09.2018	Transaktions-Nr.: 423853017 - Darlehen Nr. 4929255-01 Hauptbetrag	3.89	€ 21.73
04.09.2018	Transaktions-Nr.: 423648444 - Investition in Darlehen Nr. 5016069-01	-15.70	€ 6.03
04.09.2018	Transaktions-Nr.: 424586117 - Darlehen Nr. 2698230-01 Zinsen	0.10	€ 6.14

Abbildung 10: Kontoauszug bei Mintos (Quelle: mintos.com)

In Abbildung 10 siehst du einen sehr kleinen Auszug aus einem Kontoauszug von Mintos.

Du kannst dem Kontoauszug entnehmen, dass von drei Krediten jeweils eine Rückzahlung (Zinsen und eine Rate vom Hauptbetrag) dem Konto gutgeschrieben wurde. Zudem siehst du ein Investment in Höhe von 15,70 Euro in einen Kredit.

Dem Kontoauszug entgeht nichts. Egal ob du eine Einzahlung oder eine Auszahlung vornimmst, ob du investierst oder verkaufst, ob du Rückzahlungen vom Kreditnehmer erhältst oder die Rückkaufgarantie vom

Kreditgeber greift: Das alles wird akribisch auf deinem Kontoauszug festgehalten.

Abrechnungen, Services & Co.

Zusätzlich zu den vorgestellten Dienstleistungen gibt es noch eine ganze Reihe von weiteren Services, die dir zur Verfügung gestellt werden.

Je nach Plattform findest Du unter "Meine Investitionen" oder "Mein Portfolio" eine Auflistung aller Kredite, in die du investiert hast. Hier kannst du auch den Status der einzelnen Kredite prüfen (aktuell, verspätet, etc.).

Zudem wird die Ein- und Auszahlung für dich abgewickelt. Du kannst ganz leicht dein Geld einzahlen und dir verfügbares Guthaben auch wieder auf dein reguläres Bankkonto zurücküberweisen lassen.

Außerdem hast du bei allen Plattformen einen Kundenservice, den du per Telefon oder per E-Mail kontaktieren kannst. Die meisten P2P-Plattformen verfügen inzwischen über einen deutschsprachigen Support. Immer mehr P2P-Plattformen in Osteuropa werden deutschsprachig, weil der Großteil der Investoren aus Deutschland stammt.

Auf einigen Plattformen kannst du auch in Kredite in anderen Währungen investieren, ein Beispiel dafür ist Mintos. Hierbei entstehen aber Wechselgebühren. Zudem trägst du als Investor das zusätzliche Währungsrisiko, denn eine Währung kann sich auch negativ entwickeln. In einem späteren Kapitel gehen wir etwas näher auf dieses Thema ein.

Die E-Mail-Benachrichtigungen

Fast alle P2P-Plattformen bieten E-Mail-Benachrichtigungen an. Je nach Anbieter kannst du einstellen, ob du täglich, wöchentlich, monatlich oder nie eine E-Mail-Zusammenfassung über deine Investments und Einkünfte bekommst.

Zudem werden häufig weitere E-Mail-Benachrichtigungen angeboten, z. B. bei einer erfolgreichen Ein- oder Auszahlung, bei neuen Blogbeiträgen oder beim Erfolg eventueller „Refer-a-friend"-Programme (Kunden werben Kunden).

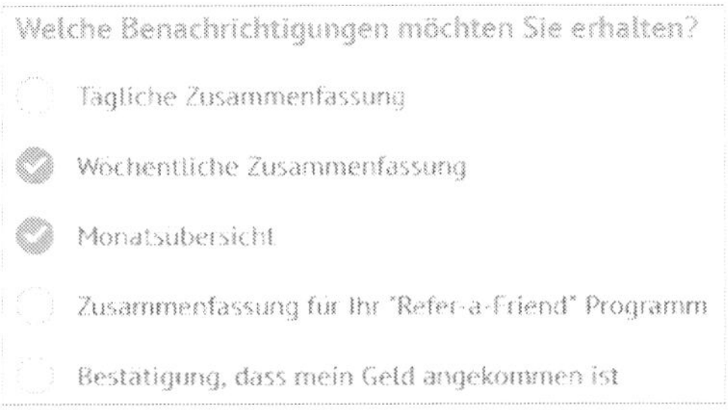

Abbildung 11: E-Mail-Benachrichtigungen bei Bondora (Quelle: bondora.com)

In Abbildung 11 siehst du einen Teil der E-Mail-Benachrichtigungen, die von der P2P-Plattform Bondora angeboten werden.

Wir halten die Newsletter der P2P-Plattformen für sinnvoll, da du hier über Updates und Neuigkeiten informiert wirst.

Ob du eine tägliche, wöchentliche oder monatliche Zusammenfassung deines Kontos haben möchtest, bleibt deinem persönlichen Geschmack überlassen. Am Anfang ist die tägliche E-Mail sicher noch interessant, da man sich noch über kleinste Centbeträge an Zinsen freut und diese nachverfolgt.

Irgendwann – spätestens, wenn du bei mehreren P2P-Plattformen aktiver Investor bist – liest du die täglichen Zusammenfassungen immer seltener und kannst bequem auf einen anderen Turnus umsteigen.

Ein persönlicher Tipp von uns:

Damit du trotz umfangreicher P2P-Aktivitäten Ordnung in deinem E-Mail-Postfach behältst, empfehlen wir dir die Nutzung von Posteingangsregeln. Mit Hilfe dieser Regeln kannst du die E-Mails sehr einfach verwalten. Beispielsweise kannst du Ordner und Regeln anlegen, die alle E-Mails der P2P-Plattformen strukturiert und geordnet ablegen.

Der Vorteil ist, dass alle E-Mails von P2P-Plattformen nach deinen Wünschen sortiert abgelegt werden. Der Nachteil ist, dass du diese Ordner nicht vergessen darfst; die E-Mails solltest du aktiv lesen.

Die Apps für iOS und Android

Heute gibt es eigentlich für alles eine App für die mobile Nutzung auf dem Smartphone. Leider nicht so für die P2P-Plattformen. Die Anbieter halten sich, gelinde gesagt, mit Apps bisher sehr zurück.

Schlimmer noch: Das Angebot an mobilen Apps für P2P-Plattformen war 2017 schon deutlich besser. Damals hatten die P2P-Plattformen Viventor und Swaper jeweils eine eigene App.

Viventor hat seine Apps mittlerweile nicht mehr in den Appstores von Google und Apple gelistet. Swaper bietet die App aktuell nur noch für Android an, die iOS Variante ist ebenfalls nicht mehr gelistet.

Einzig Twino hat eine App für iOS und Android im Programm.

Aber auch, wenn das Angebot an Apps sehr dünn ist, sind alle P2P-Plattformen gut über das Smartphone bzw. das Tablet zu benutzen.

Die Risiken bei P2P-Krediten

Du hast nun schon einige Grundlagen über P2P-Kredite gelernt: was P2P-Kredite sind, wie die Plattformen funktionieren, welche Rolle die Kreditgeber spielen und wie ein P2P-Investment abläuft.

Einen sehr wichtigen Punkt haben wir aber noch für dich: die Risiken.

Der Erwerb dieser Vermögensanlage ist mit erheblichen Risiken verbunden und kann zum vollständigen Verlust des eingesetzten Vermögens führen.

Diesen Warnhinweis hast du bereits ganz am Anfang des Buches gelesen. Der Hinweis stammt nicht von uns, sondern aus dem Vermögensanlagegesetz. In Deutschland müssen alle Crowdinvesting-Plattformen diese Warnung deutlich platzieren. Kein Crowdinvesting-Investment wird in Deutschland gemacht, ohne dass du diese Warnung bestätigen musst.

Die Plattformen in Osteuropa warnen mit keinerlei Hinweisen, die in diese Kerbe schlagen. Im Gegenteil, auf vielen Plattformen findet man das Wort "Rückkaufgarantie". Was soll da schon schiefgehen?

Es gibt ein Mantra in der Finanzbranche und jeder von uns hat den Satz sicher schon einmal gehört:

Je höher die Zinsen – desto höher das Risiko!

P2P-Investoren konnten in den letzten Jahren Renditen von 12% und mehr einfahren. Bei einer so hohen Rendite gibt es ein ebenso hohes Risiko. Die hohen Zinsen dürfen dich nicht blind, sondern müssen dich misstrauisch machen. Niemand verschenkt Geld. Schon gar nicht Banken oder Finanzdienstleister.

Die 5 Parteien bei einem P2P-Investment

Damit wir Privatanleger in einen Privatkredit investieren können, benötigt es fünf unterschiedliche Parteien:

1. den Kreditnehmer
2. den Kreditgeber
3. die P2P-Plattform
4. dich als Investor

Jede dieser vier Parteien agiert in einem Marktumfeld. Dieses Umfeld kann durch diverse Krisen oder Schwankungen (wirtschaftlich oder politisch) beeinflusst oder verändert werden. Es gibt daher noch eine fünfte Partei, die mitspielen möchte:

5. die Märkte

Der Markt ist immer gegenwärtig und alle oben genannten vier Parteien bewegen sich in einem Markt.

Das Verständnis dieser fünf Parteien hilft uns nun beim Beleuchten der möglichen Risiken.

Die 10 größten Risiken beim Investieren in P2P-Kredite

Risiko kommt von Rendite und die Rendite bei P2P-Krediten ist so hoch wie bei kaum einem anderen leicht zugänglichen Investment. Wo liegen nun also die Risiken? Wir haben 10 Risiken für dich gefunden, die wir uns nun im Detail anschauen.

Risiko 1: Die hohen Renditen bei P2P-Krediten

Die hohen Zinsen sollen bei dir eins bewirken: dein Gier-Zentrum anregen und dein logisches Denken ausschalten. Niemand zahlt dir 12% Zinsen auf dein Kapital, wenn es dabei kein Risiko gäbe. P2P-Investments verleiten dazu, mehr zu investieren als man eigentlich geplant hat – oder regelrecht zu zocken, um die letzten Prozentpünktchen in der Rendite herauszukitzeln. Lass die Gier nicht siegen und behalte einen kühlen Kopf!

Risiko 2: Keine regulierte Kreditvergabe

Die P2P-Kredite werden vergeben, ohne dass diese im Hintergrund reguliert oder überwacht werden, z. B. durch eine Bankenaufsicht oder ein ähnliches (staatliches) Organ. Die Anbieter haben hier aktuell (noch) viel freie Hand. Nicht ohne Grund haben viele der P2P-Plattformen ihren Sitz in Lettland, wo der rechtliche Rahmen die P2P-Investitionen zulässt.

Es gibt aber auch Ausnahmen: Die beiden P2P-Plattformen aus Estland, Bondora und NEO Finance, stehen bereits unter der Aufsicht einer Finanzbehörde – der Estonian Financial Supervision Authority (FSA).

Risiko 3: Keine Banken

Gerade Einsteiger und Anfänger sitzen immer wieder dem Irrglauben auf, dass die Vergabe der Kredite durch Banken geschieht. Bei P2P-Krediten ist aber per Definition keine Bank im Spiel!

Die P2P-Kredite werden, wie erwähnt, von Nicht-Banken Kreditgebern vergeben. Dies sind normale, gewinnorientierte Unternehmen. Je nach Land unterliegen diese Kreditgeber unterschiedlich strengen Vorschriften und Regularien. Eine generelle staatliche Aufsicht wie die Bankenaufsicht gibt es für Kreditgeber nicht.

Risiko 4: Die Kreditgeber

Die Kreditgeber vergeben die Privatkredite. Genau diese Unternehmen erhalten dein investiertes Geld. Die Kreditgeber sind normale Unternehmen. Vielleicht sind dir schon diverse Bezeichnungen im

Namen der Kreditgeber aufgefallen. In Lettland sieht man häufiger den Zusatz „SIA“. Die Unternehmensform SIA ist in Deutschland grob mit einer GmbH zu vergleichen. Die Unternehmen und damit die Kreditgeber haben nur eine beschränkte Haftung. Das heißt: Im Schadensfall ist nicht nur die Haftung beschränkt, sondern auch deine Rückkaufgarantie!

Risiko 5: Die P2P-Kredite-Plattformen

Auch eine P2P-Plattform kann pleitegehen. Laut den AGBs springt dann ein Vertreter bzw. ein Insolvenzverwalter ein, der die weiteren Geschäfte leiten soll.

Bitte beachte, dass auch die P2P-Plattformen gerne „mit beschränkter Haftung“ arbeiten. Twino und Robocash haben z. B. auch die Rechtsform SIA gewählt.

Die Rechtsform ist gar nicht schlimm, auch in Deutschland ist die GmbH sehr beliebt und verbreitet. Du musst aber wissen, dass die Haftung der Firmen und damit der P2P-Plattformen beschränkt ist!

Risiko 6: Die Kreditnehmer

Investierst du in P2P-Kredite ohne eine Rückkaufgarantie, dann brauchst du gute Bewertungswerkzeuge, um die Bonität der

Kreditnehmer richtig einschätzen zu können. Fallen zu viele Kreditnehmer aus, wird dein P2P-Investment zu einem Verlust.

Aber auch bei der Rückkaufgarantie spielt der Kreditnehmer eine wichtige Rolle. Die Rückkaufgarantie hebt das Risiko nicht auf, sondern verschiebt es nur von dem Investor auf den Kreditgeber. Dazu kommen wir jetzt.

Risiko 7: Die Rückkaufgarantie

Die Rückkaufgarantie wird immer vom Kreditgeber angeboten, nicht von der P2P-Plattform. Auch wenn du vielleicht denkst, es gibt hier Ausnahmen: Nein, auch bei Mintos kommt die Rückkaufgarantie immer vom jeweiligen Kreditgeber. Die P2P-Anbieter wie z. B. Mintos haben nichts mit der Vergabe der Kredite zu tun und sind auch nicht am Rückkauf beteiligt.

Der Kreditgeber bietet die Rückkaufgarantie an, weil er eine Mischkalkulation fahren kann. Der Kreditnehmer wiederum zahlt an den Kreditgeber deutlich höhere Zinsen, als er uns Investoren zahlen muss.

Zudem sind Kredite, die der Kreditgeber durch die Rückkaufgarantie zurückkaufen muss, nicht zwingend ausgefallen, sondern oft nur verspätet oder der Kreditnehmer hat umgeschuldet oder ähnliches.

Durch sein Mahnwesen und seinen Inkassoprozess kann für den Kreditgeber durchaus noch etwas zu holen sein.

Natürlich kalkuliert der Kreditgeber auch mit einer totalen Ausfallquote. Fallen also zu viele Kreditnehmer aus oder spielen andere Faktoren wie z. B. das Marktrisiko negativ mit rein, kann es eng werden.

Der Kreditgeber kann die Rückkaufgarantie nur bezahlen, solange seine Kalkulationen aufgehen und er wirtschaftlich gut arbeitet. Die Rückkaufgarantie verspricht dir nur, den Ausfall eines Kreditnehmers abzusichern. Sie ist nicht dafür da, den Ausfall eines Kreditgebers abzusichern!

Risiko 8: Das Marktrisiko

Niemand kann in die Zukunft blicken. Die Märkte können schnell durch wirtschaftliche oder politische Ereignisse verändert werden.

In einer Wirtschaftskrise wird es vermehrt Kreditnehmer geben, die ihre Darlehen nicht mehr planmäßig zurückzahlen können, z. B. aufgrund steigender Arbeitslosigkeit.

Drohen zu viele Kreditnehmer auszufallen, kann dies die Kalkulation der Kreditgeber gefährden. Vor allem, wenn auch die späteren Mahn- und Inkassoprozesse nicht mehr erfolgreich sind. Dem

Kreditgeber geht das Geld aus, er kann die Rückkaufgarantie nicht mehr bezahlen und das System kippt.

Risiko 9: Mangelnde Diversifikation

Den Spruch „Setze niemals alles auf ein Pferd“ hast du bestimmt schon gehört. Risiko kann man minimieren, wenn man sein P2P-Investment breit streut. Das ist zumindest unsere Empfehlung.

Nutze das vielfältige Angebot an Ländern, Kreditgebern und Kreditarten, um dir ein breites Portfolio aufzubauen.

Sollte es zu Problemen auf einer P2P-Plattform oder bei einem Kreditgeber kommen, so wird dir eine breite Diversifizierung helfen. Investierst du nur über einen Kreditgeber, wird der Ausfall dein gesamtes Investment betreffen. Daher empfehlen wir dir eine möglichst breite Streuung über Plattformen, Kreditgeber, Länder und Kreditarten.

Aber bitte beachte, auch eine Streuung macht die P2P-Kredite nicht zur sicheren Geldanlage!

Risiko 10: Du selbst!

Der Lieblingsspruch eines Informatikers ist: „Das Problem sitzt meistens vor dem Bildschirm“. In den wenigsten Fällen ist wirklich die Hard- oder

> Software schuld, meistens ist es der Mensch, der die Technik falsch bedient.
>
> Bei der Geldanlage bzw. beim Investieren ist es oft genauso. Egal ob in P2P-Kredite, Aktien oder Immobilien: Handle immer strukturiert, überlegt und immer mit einem Plan. Handle niemals instinktiv oder überstürzt.
>
> Investiere maximal 5% bis 15% deines Gesamtvermögens in P2P-Kredite. Halte dich daran und werde nicht gierig! Lass dich bei deiner Anlage nicht von der hohen Rendite verleiten.

Der ganze P2P-Markt in Osteuropa ist noch sehr jung. Die meisten Anbieter gibt es erst seit 2016. Einige sind noch jünger und ständig kommen neue dazu.

Daher gibt es noch keine ausreichenden Erfahrungen, wie es weitergeht, wenn eine Plattform oder ein Kreditgeber pleitegehen. Die Anbieter haben zwar alle einen Plan, was passieren soll, wenn ein Ausfall kommt, aber in der Praxis getestet wurde dies bisher (zum Glück) noch nicht. Der Plan sieht vor, dass ein Treuhänder die Geschäfte weiterführt und alle nötigen Informationen zur Verfügung stellt.

Unserer Meinung nach ist nun auch die Politik gefragt, bei dieser Art von Investment für mehr Vorgaben und Regularien zu sorgen.

Aktuell kann man bei Mintos den Ausfall des Kreditgebers Eurocent beobachten. Eurocent ist im Sommer 2017 pleitegegangen. Es sind noch immer knapp über 200.000 Euro an Rückzahlungen offen. Die Abwicklung dauert an.

Hier darf man gespannt sein, wie das weitere Vorgehen sein wird. Ob die ausstehende Summe an die Kreditnehmer zurückgezahlt wird, ist Spekulation und darf bezweifelt werden. Inkassoprozesse können sich über Jahre hinziehen.

Wichtig für dich ist, dass der Ausfall eines Kreditgebers keine Theorie ist, sondern Realität. Der Ausfall von Eurocent hat sich nicht angedeutet. Keiner hat geahnt, dass der Kreditgeber in finanziellen Schwierigkeiten steckte.

P2P-Kredite sind kein Tagesgeld

Eigentlich sollte es jedem klar sein: P2P-Kredite sind kein Tagesgeld. Uns ärgert es, dass immer mehr Webseiten anfangen, die Worte „Tagesgeld“ und „P2P-Kredite“ in ein und demselben Artikel zu veröffentlichen.

Natürlich schreibt ein Großteil dazu, dass P2P-Kredite eben kein Tagesgeldersatz sind. Trotzdem gibt es viele Leser, die Artikel nur überfliegen oder nur die Überschriften lesen.

Zudem gibt es einen großen P2P-Anbieter (Bondora), der mit seinem neuen Produkt "Go & Grow" gezielt einen Vergleich mit dem Tagesgeld eingeht und eine Alternative dazu bieten möchte.

Unseres Wissens sind in Deutschland und in der EU alle Einlagen bis 100.000 Euro durch die Einlagensicherung abgesichert. Zusätzlich sichern deutsche Banken ihre Kunden durch den Einlagensicherungsfonds ab. Damit gilt das Tagesgeld als eine der sichersten Anlageformen überhaupt.

Das Investment in P2P-Kredite ist in keiner Art und Weise abgesichert. P2P-Kredite sind, unserer Erfahrung nach, eine sehr riskante Anlageform und wirklich absolut überhaupt nicht mit Tagesgeld zu vergleichen, egal in welcher Form P2P-Kredite auch angeboten werden.

Vorstellung ausgewählter P2P-Plattformen

Nun hast du bereits viel gelernt. Die großen Kapitel über P2P-Kredite, Kreditgeber und P2P-Plattformen liegen hinter uns.

Jetzt bist du vermutlich an dem Punkt, an dem du anfangen und die Theorie in die Praxis überführen möchtest. Dazu benötigst du die passende P2P-Plattform. Doch wie findest du die richtige?

Alleine in Osteuropa gibt es eine Unmenge an P2P-Plattformen:

Mintos, Twino, Bondora, EstateGuru, Finbee, Lenndy, Viainvest, Robocash, Iuvo Group, PeerBerry, Swaper, NEO Finance, Crowdestor, Debitum Network, FellowFinance, Bulkestate, Monestor, Omaraha, Fast Invest, Grupeer, Envestio, Bitbond, Bondster und viele weitere mehr.

Die Anbieter sind stetig dabei, ihre Angebote und Services zu verbessern. Ständig kommen neue Kreditgeber oder Kreditarten hinzu. Die Zinsen verändern sich oder neue Services werden angeboten.

Neue Anbieter versuchen sich durch neue Ideen abzugrenzen. So sieht man immer mehr P2P-Anbieter, die die Blockchain-Technologie als Grundlage einsetzen und eigene Tokens bzw. Coins anbieten.

Insgesamt ist viel Leben in der Materie – die Branche ist noch jung. Es ist schwer, einen ausführlichen Überblick über alle aktuellen Marktteilnehmer zu behalten.

Für einen möglichst einfachen Einstieg werden wir uns nun ein paar der großen und etablierten P2P-Plattformen näher anschauen.

Wichtiger Hinweis:

Auf den nächsten Seiten werden wir dir einige P2P-Plattformen näher vorstellen. Der Markt der P2P-Kredite verändert sich jedoch rasend schnell.

Es könnte daher sein, dass die eine oder andere Information über die P2P-Plattform bereits veraltet ist, wenn du diese Zeilen liest. Wir bitten dich daher, verfolge unsere beiden Blogs www.hobbyinvestor.de und www.freakyfinance.net sowie den P2P-Kredite-Vergleich www.crowdbird.de und halte dich auf dem neusten Stand. Auch die Webseiten und die FAQs der Anbieter helfen dir immer weiter.

Bondora

Die P2P-Plattform Bondora ist eines der Urgesteine der europäischen P2P-Kreditszene und bereits seit 2009 am Markt. Insgesamt wurde dort bisher ein Kreditvolumen von über 194 Mio. Euro erreicht. Die durchschnittliche Nettojahresrendite liegt dabei bei stolzen 10,5 % (Stand März 2019).

Bondora unterbietet das Mindestinvestment von 10 Euro pro Kredit deutlich und erlaubt es Investoren, bereits ab 1 Euro pro Kredit zu investieren.

Die Kredite werden in den Ländern Finnland, Spanien und Estland vergeben. Die Laufzeit kann zwischen 3 und 60 Monate umfassen, wobei der Fokus auf längeren Laufzeiten liegt. Bondora gibt die durchschnittliche Laufzeit der Kredite mit 48 Monaten an.

Bondora bietet keine Rückkaufgarantie an. Daher freut es viele Investoren, hier ein „direkteres" und „ehrlicheres" P2P-Investment geboten zu bekommen.

Da es keine Rückkaufgarantie gibt, werden alle Kredite mit einem Rating versehen. Das Rating hat 8 Stufen und reicht von AA (das beste) bis zu HR (das schlechteste). Bei HR-Krediten sind hohe zweistellige Zinsen für Investoren möglich, aber es muss auch mit einer entsprechend hohen Ausfallquote gerechnet werden.

Bondora gehört zu den P2P-Plattformen, die erfreulicherweise eine ganze Reihe an Informationen zu jedem Kredit mitliefern. In Abbildung 12 siehst du die

Überschriften der Kreditdetails. Jeder Bereich lässt sich ausklappen und liefert weitere umfangreiche Informationen zu jedem Kredit.

Abbildung 12: Details zu jedem Kredit (Quelle: Bondora.com)

Anhand der Renditestatistiken sieht man, dass gut 5% aller Investoren eine negative Rendite machen, also Geld verlieren. Auf der anderen Seite gibt es gut 4% der Investoren, die 25% oder mehr an positiver Rendite erwirtschaften[42].

Du siehst also, bei Bondora gibt es ein sehr breites Band an möglicher Rendite.

Manuelles Investieren ist auf Bondoras Erstmarkt nicht möglich!

---

[42] https://www.bondora.com/de/public-statistics (Abrufdatum: 06.02.2019)

Die Plattform stellt zwei Varianten für das automatische Investieren bereit. Beim **Portfolio Manager** kannst du lediglich eine der festgelegten Strategien zwischen „Ultra-Konservativ“ (geringeres Risiko) bis „Opportunistisch“ (höhere Rendite) auswählen (siehe Abbildung 13), was vielleicht für Einsteiger zunächst die einfachere Variante ist.

Abbildung 13: Portfolio Manager von Bondora (Quelle: bondora.com)

Wer lieber detaillierter investieren möchte, der nutzt den Autoinvestor **Portfolio Pro.** Portfolio Pro kommt mit zahlreichen Konfigurationsmöglichkeiten daher und jeder Anleger kann durch entsprechendes Setzen von Häkchen detailliert festlegen, wie der Autoinvestor für ihn investieren soll.

Abbildung 14: Ausschnitt aus Portfolio Pro von Bondora (Quelle: bondora.com)

Bei Bondora gibt es einen Zweitmarkt, auf dem du manuell investieren kannst. Der Handel auf dem Zweitmarkt ist für Investoren gebührenfrei.

In jüngster Vergangenheit machte Bondora viel Wirbel um sein Angebot „Go & Grow“. Go & Grow ist ein P2P-Kredite-Investment, bei dem du ohne Wartezeit jederzeit sofort aussteigen und dein Geld abheben kannst. Du musst nicht die Kreditlaufzeiten abwarten oder deine Kreditanteile auf dem Zweitmarkt verkaufen. Bei Go & Grow kannst du einfach per Klick dein Kapital abziehen.

Du investierst bei Go & Grow dein Geld zu 6,75% Zinsen. Diese sind aber nicht garantiert, was bedeutet, dass es am Ende auch weniger werden kann, wenn etwas nicht planmäßig läuft.

Mehr als 6,75% Nettorendite sind aber auch nicht drin, da Bondora die Rendite beschränkt.

Der große Vorteil von Go & Grow sind nicht die Zinsen, denn die sind im P2P-Kontext verhältnismäßig niedrig, sondern die Möglichkeit, sein Geld sofort (ohne jede Wartezeit) abheben zu können. Jeder Investor, der sehr schnell seine Anlage liquidieren möchte, kann sich Go & Grow anschauen.

Jede Abhebung, egal in welcher Größenordnung, kostet pauschal eine Gebühr von 1 Euro. Sonstige Gebühren oder Kosten entstehen nicht.

Bis zu 6,75% Rendite und sofortige Verfügbarkeit des Kapitals? Das sieht auf den ersten Blick sehr gut aus. Doch natürlich gibt es auch bei diesem Bondora-Angebot ein

Risiko. Du investierst auch über Go & Grow in P2P-Kredite und hast damit die üblichen Risiken dieser Anlageklasse.

In einem sehr interessanten Blog-Beitrag berichtet Bondora ausführlich über die Risiken und in welche Kredite der „Go & Grow"-Service genau investiert[43].

Was spricht für Bondora?

- Hohe Renditen möglich
- 8-stufiges Kreditrating
- Umfangreicher Autoinvestor
- Bereits ab 1 Euro investieren
- Die Plattform stellt regelmäßig hilfreiche Blogbeiträge und Videos bereit

Was spricht gegen Bondora?

- Verluste möglich, da die Kredite keine Rückkaufgarantie haben
- Kein manuelles Investieren auf dem Erstmarkt möglich
- Wer eine überdurchschnittliche Rendite erwirtschaften möchte, muss sein Portfolio trotzdem aktiv managen durch geschickte Käufe und Verkäufe auf dem Zweitmarkt
- Der Unterschied und vor allem der Umgang mit den beiden Tools „Portfolio Manger" (rudimentärer

---

[43] https://www.bondora.com/blog/de/go-grow-portfolio-verteilung-und-mehr/ (Abrufdatum: 27.02.2019)

und einfacher Autoinvestor) und „Portfolio Pro“ (Autoinvestor mit detaillierten Konfigurations-möglichkeiten) erschließt sich neuen Anlegern ggf. nicht auf den ersten Blick

Mintos

Mintos ist die mit Abstand größte und beliebteste P2P-Plattform in Osteuropa.

Im März 2019 lag die Summe der bisher finanzierten Kredite bei 1,9 Mrd. Euro. Weit über 120.000 Investoren sind auf dem Mintos Marktplatz aktiv und erzielten bisher eine durchschnittliche Rendite von 11,71%.

Seit 2015 haben Investoren bereits Zinsen in beeindruckender Höhe von 37 Mio. Euro verdient.

Mintos legt ein unglaubliches Wachstum hin und finanziert monatlich knapp 150 Mio. Euro an Kreditvolumen.

Diese Vermittlerplattform ist ein reiner Dienstleister, der nur vorfinanzierte Kredite externer Kreditgeber anbietet. Mintos konzentriert sich auf den Betrieb der Plattform, die Services und betreibt eine sehr aktive Akquise für neue Kreditgeber, hat aber mit der eigentlichen Kreditvergabe nichts zu tun.

Aktuell sind bereits fast 60 verschiedene Kreditgeber der Plattform angeschlossen. Die Kreditgeber stellen die folgenden acht Kreditarten bereit:

- Geschäftskredite
- Verbraucherkredite
- Hypotheken
- Getreidekredite
- Kredite mit kurzer Laufzeit
- Pfandkredite

- Factoring / Rechnungsfinanzierung
- Autokredite

Keine andere Plattform bietet eine solche Vielfalt an Kreditarten und Kreditgebern. Zudem kannst du bereits ab 10 Euro in Kredite investieren.

Durch die große Menge an Kreditgebern ergibt sich auch ein sehr großes Angebot an Ländern, in denen die Kredite vergeben werden. Auf Mintos kannst du aktuell in fast 30 Ländern investieren und hast zudem die Möglichkeit, in acht Fremdwährungen anzulegen.

Die Kreditgeber bieten auf diesem P2P-Marktplatz Kredite mit 6% bis zu 19% Zinsen an, wobei die hohen zweistelligen Zinsen nur möglich sind, wenn du in Währungen wie dem russischen Rubel oder dem georgischen Lari anlegst.

Hierzu bietet Mintos einen Währungswechsel an. Das Wechseln der Währungen kostet jedes Mal eine Gebühr. Du solltest den Währungswechsel daher mit Bedacht ausführen.

Auf Mintos finden Investoren zudem Kredite mit und ohne Rückkaufgarantie. Kredite mit der Rückkaufgarantie erkennst du an einem kleinen Schild-Icon, zudem steht in den Details des Kredites immer der Satz “Dieser Kredit kommt mit einer Rückkaufgarantie. [...]”. Solltest du nur Kredite mit der Rückkaufgarantie wünschen, so achte immer darauf, dass du den Autoinvestor oder die Filterwerkzeuge vom Erst- und Zweitmarkt korrekt einstellst.

Kredite mit einer Rückkaufgarantie werden vom Kreditgeber nach 60 Tagen Verzug zurückgekauft. Erstattet wird dir dein Kapital samt den bis dahin entgangenen Zinsen.

Auch bei den Laufzeiten der Kredite bietet der Marktplatz eine unglaubliche Vielfalt: Kredite mit Laufzeiten von nur wenigen Tagen bis hin zu über 200 Monaten werden angeboten.

Durch das große und vielfältige Angebot ergeben sich auf dieser Plattform sehr viele Anlagestrategien.

Das Angebot wird von Mintos durch einen sehr guten Zweitmarkt abgerundet. Der Zweitmarkt ist sehr lebendig und es gibt immer deutlich über 100.000 Kredite, die hier von Investor zu Investor gehandelt werden.

Auf dem Zweitmarkt kann jeder Investor seine Kreditanteile mit einem Auf- oder Abschlag verkaufen. So kann man auf dem Zweitmarkt ein gutes Schnäppchen machen, aber auch bei Unwissenheit über den Tisch gezogen werden. Der Zweitmarkt ist, wie die gesamte Plattform, gebührenfrei.

Ebenfalls besonders hervorzuheben ist der deutschsprachige Kundenservice, der schnell und kompetent antwortet. Auch der Live-Chat ist bei kleinen Fragen sehr empfehlenswert.

Neue Investoren könnten rasch an den Punkt kommen, an dem sie einen Autoinvestor einrichten möchten. Über den Button “Neues Auto-Invest-Portfolio anlegen” kann man den Autoinvestor konfigurieren.

Abbildung 15: fertige Einstellungen für den Autoinvestor (Quelle: mintos.com)

Standardmäßig bietet Mintos drei fertige Einstellungspakete an (Abbildung 15). Die Pakete bieten die Anlagestrategien „Short-term" (kurze Laufzeit), „Diversified" (Diversifiziert / Verteilt) und „Secured" (gesichert) an. Wir raten Anfängern jedoch, über den Button "Benutzerdefinierte Strategie" sämtliche Einstellungen selbst vorzunehmen.

Über die fertigen Einstellungspakete von Mintos hast du keinen weiteren Einfluss darauf, in was genau alles investiert wird. Du kannst zum Beispiel nicht auswählen oder einstellen, dass du ausschließlich in Kredite mit der Rückkaufgarantie investieren möchtest.

Des Weiteren hegen wir den Verdacht, dass in diesen Paketen all jene Kredite untergebracht werden, die sonst über die manuell eingestellten Autoinvestoren nicht oder nur zu wenig Investoren finden.

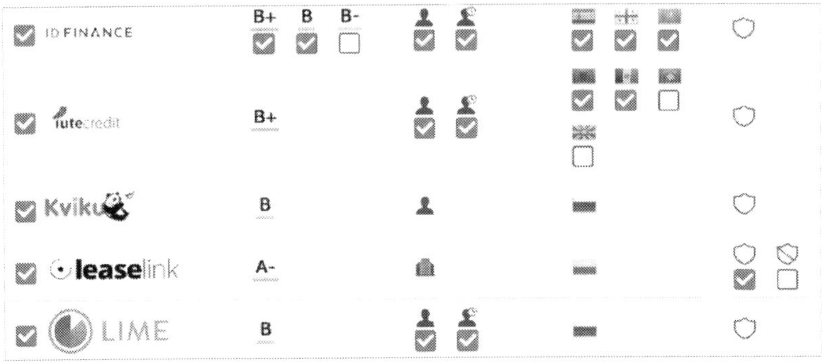

Abbildung 16: Auswahl der Kreditgeber im Autoinvestor (Quelle: mintos.com)

Auch wenn der Autoinvestor auf den ersten Blick kompliziert und überladen aussieht, nimm dir die Zeit und beschäftige dich mit ihm.

Seit Dezember 2018 kann auch ein Autoinvestor für den Zweitmarkt angelegt werden.

Solltest du nur Kredite mit Rückkaufgarantie wünschen, dann achte in der Spalte "Rückkaufgarantie" darauf, dass du die Haken bei dem durchgestrichenen Schild-Symbol entfernst. Mintos setzt die Haken nämlich standardmäßig.

Was spricht für Mintos?

- Sehr breites Angebot an Kreditarten, Kreditgebern und Ländern
- Stabiles Angebot auf dem Erstmarkt
- Viele Kreditgeber gewähren eine Rückkaufgarantie
- Sehr umfangreicher Autoinvestor, der viele Strategien erlaubt und automatisch diversifiziert investiert

- Schneller und kompetenter Service

Was spricht gegen Mintos?

- Das breite Angebot kann gerade Einsteiger schnell überfordern
- Der Autoinvestor mit seiner Optionsvielfalt kann überladen und abschreckend wirken
- Die Standardpakete für den Autoinvestor sind nicht optimal, man sollte diesen selbst konfigurieren
- Durch die schnelle und ständige Aufnahme neuer Kreditgeber (aktuell ca. 60 Stück) könnte die Qualitätsprüfung leiden

Twino

Twino ist neben Mintos und Bondora eine weitere sehr große P2P-Plattform. Über Twino konnten bereits über 450 Mio. Euro an Kreditvolumen finanziert werden.

Auf Twino sind über 15.000 Investoren aktiv, die bisher knapp 7,5 Mio. Euro an Zinsen erhalten haben. Die Investoren konnten bisher eine Rendite von gut 11% erreichen. Twino finanziert aktuell ein monatliches Kreditvolumen von knapp 15 Mio. Euro.

Hier handelt es sich um eine Vermittlungsplattform, die nur mit internen Kreditgebern aus der eigenen Unternehmensgruppe arbeitet. Die Gruppe wurde 2009 – damals noch unter dem Namen Finabay – gegründet. Seit Unternehmensgründung hat die Firmengruppe Kredite im Wert von über 500 Mio. Euro vergeben.

Investoren können in Verbraucherkredite und in Kredite mit kurzer Laufzeit investieren. Die Laufzeit der Kredite reicht von wenigen Tagen bis hin zu 60 Monaten. Investiert werden kann bereits ab 10 Euro.

Die Kredite werden über die Marken Moneza, Ezaem und Netcredit vergeben. Die Twino Gruppe ist in den sieben Ländern Lettland, Tschechische Republik, Russland, Georgien, Spanien, Polen und Kasachstan tätig.

Investoren können manuell oder über den Autoinvestor investieren. Wir können jedoch nur dazu raten, den Autoinvestor zu benutzen, der von Twino "Auto-Invest" bezeichnet wird. Der Erstmarkt ist meistens komplett leergefegt. Investoren, die manuell investieren wollen, müssen daher einen langen Atem mitbringen.

Die Kredite bei Twino können wir in zwei Kategorien teilen: Die erste Kategorie sind "besicherte" Kredite und die zweite Kategorie sind die "unbesicherten" Kredite.

Die unbesicherten Kredite haben keine Rückkaufgarantie und werden mit dem Rating A (am besten), B und C (am schlechtesten) gekennzeichnet. Sollte ein solcher Kredit ausfallen und auch beim Mahn- und Inkassoprozess scheitern, ist dein offener Betrag verloren.

Die abgesicherten Kredite sind in zwei Kategorien unterteilbar: Kredite mit Rückkaufgarantie und Kredite mit Zahlungsgarantie.

Kredite mit Rückkaufgarantie werden nach 30 Tagen Verzug zurückgekauft. Kommt ein Kreditnehmer seiner Zahlung nicht nach, wird der Kredit nach 30 Tagen zurückgekauft und dir werden das investierte Kapital und die bis dahin entgangenen Zinsen erstattet.

Die Zahlungsgarantie zahlt den Kredit genau so wie im Zahlungsplan des Kredites vorgesehen. Fällt ein Kreditnehmer aus, kauft der Kreditgeber den Kredit nicht erst nach 30 Tagen „auf einen Schlag" zurück, sondern die Rückzahlung erfolgt nach dem Zahlungsplan des Kredites. Falls dies nicht über den Kreditnehmer passiert, springt der Kreditgeber sofort ein und übernimmt auch die laufenden Zahlungen. Sobald die Zahlungsgarantie greift und anfängt zu laufen, kann der Kredit nicht mehr verkauft werden.

Generell können Kredite verkauft werden. Es gibt allerdings keinen Zweitmarkt. Die Verkaufsangebote werden einfach über den Erstmarkt abgewickelt, daher sind auch keine Ab- oder Aufschläge möglich.

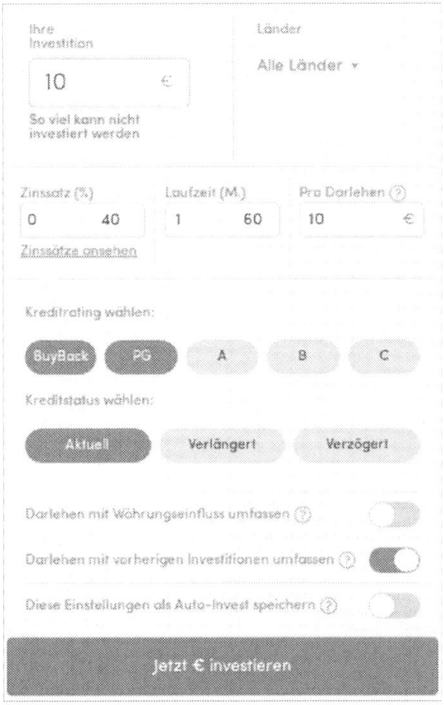

Abbildung 17: Autoinvestor von Twino (Quelle: twino.eu)

In Abbildung 17 siehst du den Autoinvestor von Twino. Dieser ist, im Vergleich zu Mintos, deutlich übersichtlicher und einfacher einzustellen. Natürlich hängt dies auch damit zusammen, dass im Vergleich zu Mintos das Angebot deutlich kleiner ist.

Der Autoinvestor bei Twino hat die Einstellung “Darlehen mit Währungseinfluss umfassen”. Solltest du diese Option aktivieren, investierst du in Kredite in der jeweiligen Landeswährung. Aktuell werden russische Kredite in Rubel angeboten. Anders als bei Mintos erfolgt der Währungstausch nicht offensichtlich im Dashboard, sondern wird von Twino "im Hintergrund" durchgeführt.

Was spricht für Twino?

- Etablierte P2P-Plattform (seit 2015), deren Unternehmensgruppe bereits seit 2009 in der Kreditvergabe tätig ist
- Neben einer Rückkaufgarantie wird auch eine Zahlungsgarantie angeboten
- Kreditangebote aus sieben Ländern
- Investment auch ohne Rückkaufgarantie in Kredite mit dreistufigem Rating möglich

Was spricht gegen Twino?

- Kreditverfügbarkeit ist nur befriedigend – oft muss man sich länger gedulden
- Da Kredite aus der eigenen Unternehmensgruppe kommen, ist eine Skalierung nicht so einfach machbar
- Das aktuelle Zinsniveau ist bei der Konkurrenz höher

Robocash

Robocash ist eine der jüngeren P2P-Plattformen, die erst im Februar 2017 an den Start ging.

Bereits gut 5.000 Investoren konnte Robocash gewinnen und insgesamt bereits knapp 60 Mio. Euro an Kreditvolumen abwickeln.

Robocash gehört zu der Robocash Group (ehemals Zaymer), die seit 2013 im Kreditgeschäft aktiv ist. Auf der P2P-Plattform werden nur Kredite aus der eigenen Unternehmensgruppe angeboten. Auch Robocash ist eine Vermittlungsplattform; die Kredite sind alle vorfinanziert.

Aktuell gibt es Ratenkredite und Verbraucherkredite mit kurzer Laufzeit von sechs Kreditgebern aus den Ländern:

- Kasachstan
- Spanien
- Russland
- Philippinen

Investoren bekommen pauschal 12% Zinsen auf alle Kredite. Die Zinsen wurden leider im Dezember 2018 gesenkt. Vorher gab es 14% und 14,5% Zinsen auf die angebotenen Kredite.

Zudem bietet Robocash grundsätzlich immer für alle Kredite die Rückkaufgarantie an. Die Rückkaufgarantie greift bereits nach 30 Tagen und erstattet das investierte Kapital sowie die bis dahin entgangenen Zinsen.

Bei Robocash können Investoren nur über den Autoinvestor – der „Portfolio-Builder" genannt wird – investieren.

Der Autoinvestor bietet vier Optionen an:

1. **Saldo**: Deine Rückzahlungen werden nicht weiter investiert.
2. **Auszahlung**: Hier werden deine Rückzahlungen gesammelt und direkt auf dein Bankkonto zurückgebucht, sobald die 50-Euro-Marke erreicht ist.
3. **Gesamten Betrag reinvestieren**: Dein Geld bleibt immer angelegt. Rückflüsse werden automatisch wieder in neue Kredite investiert.
4. **Den Hauptbetrag reinvestieren**: Von den Rückzahlungen wird nur dein ursprünglich investierter Betrag reinvestiert. Die Zinszahlungen werden, wie bei Saldo, auf deinem Dashboard gesammelt.

Damit bietet Robocash einige Optionen an, die für alle Investoren interessant sind, die auf passives Einkommen abzielen. Denn die automatische Auszahlung oder das Sammeln von Zinszahlungen stellen einen passiven Einkommensstrom dar.

Investiert wird ausschließlich über den Autoinvestor. Einen Erstmarkt gibt es nicht, lediglich eine Auflistung[44] aktuell verfügbarer Kredite kann angeschaut werden.

---

[44] https://robo.cash/de/available_loans (Abrufdatum: 28.02.2019)

Es gibt zudem die Besonderheit, dass jeder Investor maximal 10.000 Euro investieren darf. Damit will sich Robocash vor großen Investoren schützen, die gegebenenfalls in zu großem Stil investieren und so die Verfügbarkeit der Kredite verschlechtern könnten.

Auch auf Robocash kannst du bereits ab 10 Euro investieren.

Was spricht für Robocash?

- 12% Zinsen und Rückkaufgarantie pauschal für alle Kredite
- Vollautomatisches Investment
- Sehr aktiv im Ausbau: In den letzten Monaten wurden der russische und der philippinische Kreditgeber angebunden und die Märkte in Indonesien und Vietnam erschlossen
- Gut gefüllter Erstmarkt

Was spricht gegen Robocash?

- Webseite könnte übersichtlicher und besser übersetzt sein
- Die Optionen im Autoinvestor sind nicht gut erklärt
- Robocash könnte offener und transparenter kommunizieren. Zudem werden manche Versprechen, wie das VIP-Programm für die ersten 1.000 Investoren, nicht umgesetzt

PeerBerry

Am 01. November 2017 erblickte die P2P-Plattform PeerBerry das Licht der Welt.

Die Plattform ist zwar noch recht jung, die Unternehmensgruppe dahinter ist es allerdings nicht. PeerBerry wurde von der Aventus Gruppe gegründet, die bereits seit 2009 Kreditgeschäfte betreibt und in sieben Ländern (Tschechien, Polen, Lettland, Georgien, Ukraine, Kasachstan und Moldawien) tätig ist.

Nach der Gründung bot PeerBerry die Kredite aus der Aventus Gruppe an. Doch die Plattform vollzog relativ schnell einen Strategiewechsel.

PeerBerry wurde an Privatinvestoren verkauft und wird nun als offener Marktplatz betrieben. Damit schlägt PeerBerry dieselbe Strategie ein wie Mintos und öffnet seinen P2P-Marktplatz für weitere Kreditgeber. Auch PeerBerry ist eine Vermittlungsplattform.

Der erste externe Kreditgeber war die Gofingo Gruppe. Die Gofingo Gruppe besteht aus Unternehmen, die für „innovative FinTech Lösungen“ stehen und Kredite in Litauen, Dänemark, Tschechien und der Ukraine vergeben.

Damit mausert sich PeerBerry zu einer kleinen Mintos-Alternative, auf der man immer breiter diversifizieren kann.

Aktuell werden Kredite von neuen Kreditgebern angeboten. Die Kreditgeber stammen noch überwiegend aus den beiden Unternehmensgruppen von Aventus und

Gofingo. Im August 2018 wurde mit Lithome LLC ein drittes Unternehmen aus Litauen angeschlossen. Lithome LLC ist im Bauträgergeschäft tätig und bietet Immobilienkredite an.

Investoren können auf PeerBerry in Verbraucherkredite und in Immobilienkredite aus folgenden acht Ländern investieren:

- Dänemark
- Litauen
- Polen
- Tschechien
- Ukraine
- Russland
- Kasachstan
- Moldawien

Den Großteil des Angebots machen die Verbraucherkredite aus, die meistens eine sehr kurze Laufzeit von bis zu 30 Tagen haben.

Mit Lithome LLC werden Immobilienkredite mit einer Laufzeit von über 300 Tagen in Litauen angeboten.

Die Zinsen bewegen sich zwischen 11% und 12%.

Die Rückkaufgarantie wird nach 60 Tagen ausgelöst. Sie erstattet das investierte Kapital plus die entgangenen Zinsen.

In Abbildung 18 findest du ein beispielhaftes Dashboard von PeerBerry. Alle wichtigen Informationen wie

Kontostand, Zinseinkünfte sowie die aktuellen Investments werden dort angezeigt.

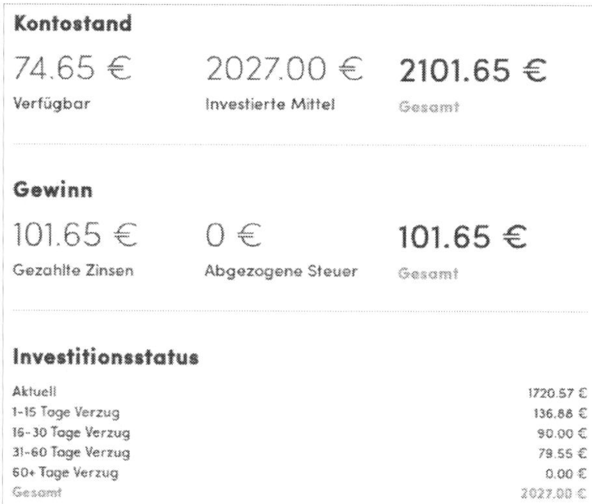

Abbildung 18: Dashboard bei PeerBerry (Quelle: peerberry.com)

Natürlich bietet auch PeerBerry einen Autoinvestor an. Der Autoinvestor ist sehr kompakt, übersichtlich und lässt sich schnell und einfach einstellen. Nach unserer Erfahrung arbeitet der Autoinvestor sehr zuverlässig.

Auf PeerBerry gibt es keinen Zweitmarkt. Allerdings kannst du die langlaufenden Kredite gegen eine Gebühr verkaufen. Dafür brauchst du nur den Button „Rückkaufen“ anzuklicken. Nach 14 Tagen wird dir dein Kapital samt den aufgelaufenen Zinsen ausbezahlt.

Investoren zahlen auf PeerBerry für das Investieren keine Gebühren. Die Plattform kann, bis auf den Verkauf von langfristigen Krediten, gebührenfrei benutzt werden.

Steuern werden nicht einbehalten, egal über welchen Kreditgeber und in welchem Land du investierst.

Was spricht für PeerBerry?

- Immer breiter werdendes Angebot an Kreditarten, Kreditgebern und Ländern
- Attraktives Zinsniveau
- Kredite mit Rückkaufgarantie

Was spricht gegen PeerBerry?

- Autoinvestor ist noch rudimentär und erlaubt z. B. noch keine automatische Diversifizierung über die Kreditgeber
- Kein Zweitmarkt: Kredite können nur gegen eine Gebühr vorzeitig verkauft werden

Viainvest

Viainvest ist ebenfalls eine P2P-Plattform aus Riga, Lettland. Die Plattform ist 2016 gestartet und gehört zur VIA SMS Group.

Die VIA SMS Group wurde 2009 gegründet und vergibt Verbraucherkredite in folgenden sechs Ländern:

- Lettland
- Polen
- Spanien
- Tschechien
- Rumänien
- Schweden

Auf der P2P-Plattform Viainvest bietet die Unternehmensgruppe bisher (Stand: Frühjahr 2019) Kredite aus den fünf Ländern Spanien, Lettland, Polen, Tschechien und Schweden an. Die Kredite aus Rumänien werden noch nicht auf der Plattform angeboten.

Der Schwerpunkt liegt auf Verbraucherkrediten. Insgesamt werden drei Kreditarten auf Viainvest angeboten:

1. Ratenkredite

Die Ratenkredite haben eine Laufzeit von 3 bis 12 Monaten und ebenfalls eine Rückkaufgarantie, die nach 30 Tagen Verzug greift. Diese Form der Kredite wird nur in Lettland vergeben.

2. Kredite mit kurzer Laufzeit (Payday Loans)

Die Kredite mit kurzer Laufzeit werden bereits nach 7 bis 30 Tagen zurückgezahlt, können vom Kreditnehmer aber verlängert werden. Die Rückkaufgarantie greift nach 30 Tagen. Die Kredite mit kurzer Laufzeit werden in Polen, Spanien und Tschechien vergeben.

3. Kreditlinie

Diese Form der Kredite hat keine feste Laufzeit. Der Kreditnehmer kann nach 30 Tagen den Kredit mit einer Einmalzahlung zurückbezahlen. Darüber hinaus kann aber auch eine monatliche Ratenzahlung gewählt werden. Die Höhe der monatlichen Raten hängt vom Kreditbetrag ab.

Bei der Kreditlinie kann der Kreditnehmer während der Rückzahlungsphase den Kreditbetrag erhöhen. In diesem Fall erhöht sich die monatliche Rate entsprechend.

Maximal können die Kreditnehmer bei der Kreditlinie 3.000 Euro erhalten. Die Kredite haben auch eine Rückkaufgarantie. Bei der Kreditlinie kann die Rückkaufgarantie zudem manuell ausgelöst werden. Jeder Investor kann nach 120 Tagen manuell den Rückkauf anstoßen, wenn er aus dem Kredit raus möchte.

Die Kreditlinie bietet Viainvest aktuell in Lettland und Schweden an.

Als Investor aus Deutschland ist eine Ansässigkeitsbescheinigung vom Finanzamt von Vorteil, wenn du in das volle Angebot auf Viainvest investieren möchtest. Wird dieses Formular nicht eingereicht, werden bei einigen Krediten automatisch die Zinserträge versteuert (Quellensteuer)[45].

Die Ansässigkeitsbescheinigung muss jedes Jahr neu vom Finanzamt unterschrieben werden. Hier findest du ein Formular[46], welches wir bisher immer genutzt haben. Das Ausfüllen und Einreichen des Formulars ist etwas umständlich, aber dafür musst du die Zinserträge nicht mehrfach versteuern.

Am einfachsten ist es, bei deinem zuständigen Finanzamt anzurufen und nach dem zuständigen Sachbearbeiter zu fragen. Mit diesem sprichst du ab, wie du nun weiter vorgehen sollst.

Bei uns hat es so funktioniert, dass wir das Formular vorausgefüllt dem Sachbearbeiter schicken durften. Ein paar Tage später hatten wir dann das Formular samt Stempel und Unterschrift vom Finanzamt in unserem Briefkasten.

Nur, wenn du diese Ansässigkeitsbescheinigung einreichst, werden die Zinseinkünfte nicht versteuert! Viainvest schreibt nachträglich keine Steuern gut. Besorge daher zuerst die Ansässigkeitsbescheinigung und fange erst anschließend an zu investieren.

Seit dem 01.09.2018 sind die Kredite aus Lettland, seit dem 01.12.2018 die Kredite aus Polen und seit dem

---

[45] https://de.wikipedia.org/wiki/Quellensteuer (Abrufdatum: 06.02.2019)

[46] http://bit.ly/QuellensteuerFormular (Abrufdatum: 06.02.2019)

18.01.2019 auch die Kredite aus Schweden ohne Ansässigkeitsbescheinigung steuerfrei.

Wenn du ausschließlich in Kredite aus Lettland, aus Polen und aus Schweden investierst, dann werden dir auf die Zinseinkünfte keine Steuern abgezogen, auch wenn du keine Ansässigkeitsbescheinigung vom Finanzamt eingereicht hast (für Investoren aus Deutschland!).

Solltest du diese Strategie nutzen, dann achte darauf, dass dein Autoinvestor nicht in Kredite aus Spanien oder Tschechien investiert. Denn ohne eine gültige Ansässigkeitsbescheinigung liegt die Quellensteuer bei den spanischen Krediten bei 19% und bei den tschechischen Krediten bei 15%.

Investiert wird auch bei Viainvest ab 10 Euro. Wie üblich werden ein Autoinvestor und ein Erstmarkt angeboten. Der Autoinvestor funktioniert reibungslos und ist einfach einzustellen. Da bei Viainvest der Primärmarkt selten gut gefüllt ist, lohnt es sich, den Autoinvestor gewissenhaft zu konfigurieren.

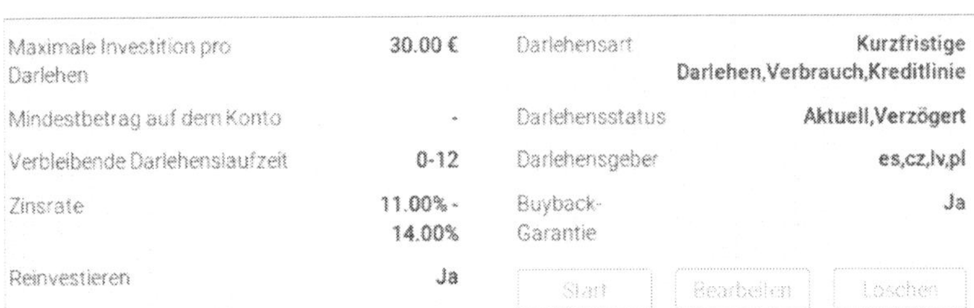

Abbildung 19: Autoinvestor von Viainvest (Quelle: viainvest.com)

Bei drei Kreditarten und fünf Kreditgebern sind die Einstellungen sehr übersichtlich.

Die Kredite werden mit einer Rückkaufgarantie angeboten, welche nach 30 Tagen Verzug greift und das investierte Kapital sowie die bis dahin aufgelaufenen Zinsen erstattet.

Viainvest kommt ohne einen Zweitmarkt aus. Trotzdem gibt es eine Option, seine P2P-Kredite wieder zu verkaufen: Jeder Kredit kann nach 120 Tagen beendet werden. Möchtest du also aus einem Ratenkredit oder einem Kreditlinie-Kredit früher aussteigen, so kannst du dies nach 120 Tagen tun.

Natürlich beendet auch die Rückkaufgarantie das Investment, sollte sie nach 30 Tagen greifen müssen.

Wie schon die anderen Plattformen ist Viainvest für uns Investoren gebührenfrei.

Was spricht für Viainvest?

- Gute Kreditverfügbarkeit
- Kredite mit Rückkaufgarantie
- Unternehmensgruppe ist seit 2009 im Kreditgeschäft tätig

Was spricht gegen Viainvest?

- Die Notwendigkeit der Ansässigkeitsbescheinigung, wenn du in alle Kredite / Länder investieren möchtest

EstateGuru

EstateGuru ist eine P2P-Plattform mit dem Schwerpunkt auf Immobilienfinanzierung. Auf EstateGuru findest du nur Kredite, die einen „Immobilien-Charakter" haben und bei denen Immobilien oder Grundstücke als Sicherheit dienen.

EstateGuru hat es in unser Buch geschafft, da wir beide große Fans dieser Finanzierungsplattform sind. Wir sind der Meinung, dass EstateGuru-Projekte im Portfolio ein echter Mehrwert sein können, da es ein paar wesentliche Unterschiede zu den anderen bereits vorgestellten P2P-Plattformen gibt.

Nur Unternehmen, keine Verbraucher

Auf EstateGuru dürfen nur Unternehmen ihre Projekte einreichen, die Plattform ist nicht für Endkunden gedacht.

Fokus auf Immobilien

Die Kredite werden vom Kreditnehmer zum Kauf, zum Bau, zur Renovierung / Modernisierung, zur Refinanzierung oder zur Zwischenfinanzierung von Immobilien benötigt. Als Sicherheiten können Grundstücke, Wohnungen oder Häuser dienen.

Hypothek mit erster oder zweiter Rangfolge

Die meisten Projekte sind mit einer erstrangigen oder zweitrangigen Hypothek besichert. Im Falle einer Insolvenz des Kreditnehmers haben erstrangige Investoren noch vor Banken, Handwerkern und anderen einen Anspruch auf ausstehende Zahlungen.

Kredite werden auf der Plattform finanziert

Bei EstateGuru gibt es keinen Kreditgeber, der zwischen dem Investor und dem Kreditnehmer steht und Projekte vorfinanziert.

Der Kreditnehmer reicht sein Immobilienprojekt bei EstateGuru ein. EstateGuru führt die Prüfung des Projektes durch und wenn das Projekt sowie der Kreditnehmer den Qualitätsansprüchen von EstateGuru entsprechen, wird das Projekt auf der Plattform veröffentlicht.

Nun können alle Investoren solange in das Projekt investieren, bis die gewünschte Zielsumme des Kreditnehmers erreicht ist. Das Mindestinvestment pro Investor beträgt 50 Euro.

Es gibt in letzter Zeit auf EstateGuru immer wieder vereinzelte Geschäftskredite. Unternehmen besorgen sich so frisches Betriebskapital (working capital) und hinterlegen als Sicherheit Immobilien.

Auf EstateGuru wirst du keine Rückkaufgarantie oder Ähnliches finden. Der Anbieter setzt darauf, dass Immobilien als Sicherheit hinterlegt werden – eine sogenannte „dingliche Absicherung".

Zudem wird darauf geachtet, dass der LTV-Wert maximal bei 75% liegt. Der Loan to Value-Wert (kurz: LTV) ist eine Kenngröße für das Verhältnis zwischen dem Kredit und dem Marktwert des Objekts. Angenommen, die Immobilie ist 100.000 Euro Wert und der Kreditnehmer möchte auf EstateGuru einen Kredit bekommen, dann darf der Kredit höchstens 75% des Wertes entsprechen, in diesem Fall also 75.000 Euro.

Bei EstateGuru wird dir schnell auffallen, dass die Projekte als Kredittyp entweder „Nullcoupon-Darlehen" oder „Einmalzahlung" sind. Beim Nullcoupon-Darlehen werden Zinsen und das Kapital erst am Ende der Laufzeit bezahlt. Bei der Einmalzahlung werden die Zinsen regelmäßig und nur das Kapital am Ende der Laufzeit zurückgezahlt.

Ein kleiner Nachteil bei EstateGuru ist der leider etwas rudimentäre Autoinvestor. Mehr als der maximale Investitionsbetrag, die maximale Laufzeit und der Rückzahlungstyp sind in den freigeschalteten Grundeinstellungen nicht wählbar.

Die erweiterten Einstellungen beim Autoinvestor werden erst freigegeben, wenn ein Investor bereit ist, mindestens 250 Euro pro Projekt zu investieren.

Wir halten es daher beide so, dass wir rein manuell auf EstateGuru investieren. Über jedes neue Projekt wird man per E-Mail benachrichtigt. Natürlich kommt es beim manuellen Investieren vor, dass man ein Projekt verpasst. Uns ist das aber lieber als 250 Euro pro Projekt investieren zu müssen.

Wenn du mit den Standard-Funktionen des Autoinvestors zufrieden bist, darfst du diesen natürlich auch gerne benutzen.

Eine Sache solltest du über EstateGuru noch wissen: Die Plattform hat angefangen, Kredite in mehreren Stufen anzubieten.
Bis eine Immobilie gebaut wird, gibt es mehrere Schritte zu erledigen; zum Beispiel der Ankauf des Grundstücks, eventuell bestehende Gebäude abreißen, dann wird der Gebäudekomplex in mehreren Schritten gebaut usw.

Der Kreditnehmer kann sich für jeden dieser Schritte das jeweils benötigte Kapital auf EstateGuru besorgen.

So kann es vorkommen, dass ein und dasselbe Immobilienprojekt mehrere Kredite – eben für die verschiedenen Stufen – auf EstateGuru einsammelt.

Abbildung 20: mehrstufige Kredite (Quelle: Estateguru.co)

In Abbildung 20 siehst du zwei Kredite, die jeweils in der 3. Stufe Kapital einsammeln. Das linke Projekt mit der ID #0910[47] hat in dieser dritten Runde einen Überbrückungskredit in Höhe von 90.000 Euro eingesammelt.

Im rechten Projekt mit der ID #2265[48] ging es um einen Entwicklungskredit in Höhe von 20.000 Euro.

Die mehrstufigen Kredite werden von EstateGuru gut gekennzeichnet.

Dennoch solltest du beim Investieren darauf achten, damit du nicht unwissentlich zu viel Geld in einen Kreditnehmer investierst. Platziert der Kreditnehmer seinen Kredit in 4 Schritten und du investierst je 50 Euro, dann hast du dein Geld nicht gestreut, sondern 200 Euro in nur einen einzigen Kreditnehmer investiert.

Im Autoinvestor gibt es ebenfalls eine Option, die diese mehrstufigen Kredite deaktiviert. Allerdings kann diese Option erst genutzt werden, wenn du mindestens 250 Euro pro Projekt investierst.

Sebastian hat beispielsweise das Problem, dass er bei einem Kredit in den Stufen 3 und 4 investiert war und der Kreditnehmer nun den Status „im Ausfall“ hat. Nun muss EstateGuru die hinterlegten Sicherheiten aktivieren; diese sind zum Glück erstrangig und der LTV liegt bei nur 58%.

---

[47] https://estateguru.co/portal/investment/show/EE0910 (Abrufdatum: 15.01.2019)

[48] https://estateguru.co/portal/investment/show/LT2265 (Abrufdatum: 15.01.2019)

Daher ist unser Rat an dich: Investiere nicht generell in alle Stufen, sondern überlege dir gut, ob du so deine gewünschte Diversifikation aufrechterhalten kannst.

Was spricht für EstateGuru?

- Immobilienprojekte als Ergänzung zu klassischen P2P-Kreditarten
- Immobilien / Grundstücke als Sicherheit
- Hohe Zinsen
- Investoren finanzieren Projekte live auf Plattform
- Leichter Einstieg in Immobilien-Crowdinvesting
- Informationsreichtum: Man erfährt deutlich mehr über die einzelnen Kreditnehmer und die genaue Verwendung des Kredites als dies bei klassischen P2P-Plattformen der Fall ist

Was spricht gegen EstateGuru?

- Als Laie kann man die Immobilienprojekte nur schwer bewerten
- Bei einem Ausfall müssen das Mahnwesen und der Inkassoprozess abgewartet werden
- Der Autoinvestor ist nur sinnvoll nutzbar, wenn man bereit ist, mindestens 250 Euro pro Projekt zu investieren
- Die Projekte sind teilweise innerhalb von Minuten vollständig gefundet, ohne dass man selbst investieren konnte, wenn man nicht den Autoinvestor nutzt

Wie seriös sind die P2P-Plattformen?

Wir haben uns nun ein paar P2P-Plattformen näher angeschaut und nicht nur Anfänger fragen sich, wie seriös bzw. sicher die Plattformen eigentlich sind.

Wer sein Geld in P2P-Kredite investiert, möchte natürlich wissen, wie viel Vertrauen er oder sie den einzelnen Plattformen entgegenbringen sollte.

Als Sebastian 2016 das erste Mal von Mintos hörte, hielt er das Angebot am Anfang für ein Ponzi- bzw. ein Schneeballsystem[49]. Wird die Rendite der Investoren mit dem eingezahlten Kapital neuer Investoren bezahlt?

Es klingt im ersten Moment einfach nicht seriös, wenn man für eine Anlage eine zweistellige Rendite in Aussicht gestellt und obendrein noch eine Rückkaufgarantie angeboten bekommt.

Du hast in diesem Buch bereits viel über den Mechanismus und die Gründe der Rückkaufgarantie gelernt. Wir glauben daher nicht, dass es sich bei P2P-Krediten um ein betrügerisches System handelt. Dies ist jedoch unsere persönliche Einschätzung.

Allerdings gibt es mittlerweile viel zu viele Plattformen und noch sehr viel mehr Kreditgeber, die ihren Teil zur Seriosität erst noch beitragen müssen.

---

[49] https://de.wikipedia.org/wiki/Schneeballsystem (Abrufdatum: 15.01.2019)

Daher ist es vor einem Investment unerlässlich, dass du dich über die Plattform und die Kreditgeber eingehend informierst und dir eine eigene Meinung bildest.

Schaut man sich Anbieter wie Bondora[50] oder Neo Finance[51] an, erfährt man, dass diese Anbieter bereits unter der Aufsicht einer Finanzbehörde stehen und reguliert werden.

Bondora gibt an, unter der Aufsicht der Estonian Financial Supervision Authority (FSA) zu stehen und eine Lizenz zur Vergabe von Krediten zu besitzen[52].

Neo Finance weist darauf hin, unter der Aufsicht der Bank of Lithuania[53] (Litauen) zu stehen. Zudem besitzt Neo Finance Lizenzen für E-Money, P2P- und Consumer-Lending und darf damit ebenfalls Kredite vergeben.

Jetzt treten die beiden genannten P2P-Anbieter nicht nur als P2P-Plattformen auf, sondern auch selbst als Kreditgeber. Das ist ein Unterschied zu Anbietern, die nur einen P2P-Marktplatz anbieten (z. B. Mintos, PeerBeery) oder die lediglich Kredite aus der eigenen Unternehmensgruppe listen (z. B. Robocash, Viainvest).

Auch über diese Anbieter kannst du einige Informationen erhalten, die dir bei deiner Einschätzung bzgl. der Seriosität helfen können.

---

50 https://www.bondora.com/de

51 https://www.neofinance.com/

52 https://support.bondora.com/hc/de/articles/213693549-Wie-ist-Bondora-reguliert- (Abrufdatum: 27.02.2019)

53 https://www.neofinance.com/en/faq/investor/44 (Abrufdatum: 27.02.2019)

Schauen wir uns als Beispiel Mintos an. So finden sich sehr schnell ein paar Punkte, die Mintos' Wunsch nach Sichtbarkeit belegen. Die Plattform versteckt sich nicht und ist Mitglied in einigen Verbänden:

1. Mintos ist der Financial and Capital Market Commission[54] (die lettische Bankenaufsicht) bekannt, die ebenfalls vor den Risiken bei P2P-Krediten warnt, aber auch an einer Gesetzgebung dafür arbeitet.
2. Mintos ist Mitglied der Deutsch-Baltischen Handelskammer[55], die seit über 20 Jahren Ansprechpartner für deutsch-baltische Wirtschaftsbeziehungen ist.
3. Zudem ist Mintos in der lettischen Industrie- und Handelskammer[56]. Die Handelskammer ist mit über 2.500 Mitgliedern der größte Wirtschaftsverband in Lettland.
4. Und Mintos gehört auch der Latvian Alternative Financial Services Association an. Der Verband bringt Unternehmen außerhalb des Bankensektors zusammen, die Finanzdienstleistungen in Lettland anbieten.

Daneben arbeitet Mintos mit Unternehmen zusammen, die an der Börse gelistet sind:

1. Einige der Kreditgeber auf Mintos geben öffentliche Anleihen aus, z. B. an der NASDAQ OMX

[54] http://www.fktk.lv/en/
[55] https://www.ahk-balt.org/
[56] https://www.chamber.lv/

Baltic. Auch Mogo konnte beispielsweise schon 75 Mio. Euro über Anleihen einsammeln.

2. Die Firma Get Bucks ist ein Kreditgeber, der zu MyBucks gehört. Hierbei handelt es sich um ein börsengehandeltes Unternehmen, dessen Aktien an der Frankfurter Börse gelistet sind[57].
3. Zudem lässt Mintos jährlich einen Geschäftsbericht von Ernst & Young erstellen – E&Y ist ein Wirtschaftsprüfer mit über 200.000 Angestellten weltweit. Die Geschäftsberichte kannst du auf der Mintos-Webseite[58] einsehen.

Die Vergabe von P2P-Krediten ist, wie schon erwähnt, zudem keine neue Erfindung. Viele der Kreditgeber sind ebenfalls schon lange auf dem Markt. Lediglich die schnelle Refinanzierung über die P2P-Plattformen ist erst in den letzten Jahren verstärkt aufgekommen. Wenn du einen Blick auf die VIA SMS Group wirfst (die Unternehmensgruppe hinter der P2P-Plattform Viainvest), dann siehst du, dass das Unternehmen bereits seit 2008 als Kreditgeber aktiv ist.

Natürlich ist uns bewusst, dass das Alter einer P2P-Plattform oder eines Kreditgebers sicherlich kein Garant für die Seriosität ist. Auch die Mitgliedschaft in Verbänden und Handelskammern muss nicht viel aussagen.

---

57 https://www.finanzen.net/aktien/MyBucks-Aktie (Abrufdatum: 17.02.2019)

58 https://www.mintos.com/de/uber-uns/investor-relations-de/ (Abrufdatum: 17.02.2019)

Deshalb werfen wir noch einen Blick auf andere Länder: Der P2P-Markt ist bei weitem kein lokales „Phänomen“, sondern weltweit vorhanden; von den USA über Europa bis hin zu China werden P2P-Kredite vergeben.

Um die Frage nach der Seriosität weiter zu beleuchten, kannst du dir nicht nur die P2P-Plattformen und die Kreditgeber anschauen, sondern auch, wie die jeweiligen Länder die Vergabe von Privatkrediten regeln.

Einen sehr großen Markt für P2P-Kredite gibt es in Polen. Laut Statista[59] wird der Markt der alternativen Kredite in Polen (dazu zählen Crowdlending und P2P-Kredite) im Jahr 2019 insgesamt ein Volumen von rund 170 Mio. US-Dollar erreichen. Das Volumen soll dort in den nächsten vier Jahren sogar auf knapp 300 Mio. US-Dollar anwachsen.

In Polen ist die Vergabe von Krediten keine regulierte Tätigkeit. Die Kreditgeber müssen aber zivilrechtliche Bestimmungen und Gesetze einhalten. Bei der Vergabe von Verbraucherkrediten oder Hypothekendarlehen greift u. a. das Verbraucherkreditgesetz bzw. die Hypothekenkreditverordnung.

Daneben gibt es eine ganze Liste an weiteren Vorgaben, die ein Kreditgeber einhalten muss. Vorgaben gibt es zum Beispiel für:

- die Vermarktung, die Erzeugung und den Verkauf von Krediten

---

[59] https://www.statista.com/outlook/399/146/alternative-lending/poland (Abrufdatum: 17.02.2019)

- die Verwaltung von Krediten
- den Umgang mit dem Verzug von Krediten

Zudem gehört Polen zur EU und setzt EU-Kreditrichtlinien auch in nationales Recht um. Die Kreditgeber müssen sich in Polen zudem an ein Zinslimit halten. Es existieren Beschränkungen für den Zinssatz; das Limit ist an den Referenzzinssatz der polnischen Nationalbank gebunden und liegt über dem marktüblichen Zinssatz[60].

Bei unserer Recherche haben wir den Eindruck gewonnen, dass Polen in den letzten Jahren sehr aktiv die alternative Kreditvergabe verfolgt und korrigierend eingreift.

Das Verbraucherkreditgesetz wurde 2016 angepasst und definiert seither „zinsähnliche Kreditkosten". Diese müssen als „Gesamtkreditkosten ohne Zinsen" angegeben werden. Hier haben wohl diverse Kreditgeber versucht, mit versteckten Gebühren die tatsächlichen Zinssätze zu schönen. Zudem gibt es nun eine klare Obergrenze, wie hoch die Kosten der Nicht-Zinsen maximal sein dürfen[61].

Neben Polen ist uns auch Georgien aufgefallen, das pünktlich zum Jahreswechsel am 01. Januar 2019 ein neues Gesetzt für Kreditgeber erlassen hat.

Das neue Gesetz verpflichtet Kreditgeber wie auch die Banken, einen Kredit nur dann zu vergeben, wenn sicher

---

60 https://www.lexology.com/library/detail.aspx?g=7d240e38-319e-4dee-9ad4-da03aac95a5f (Abrufdatum: 17.02.2019)

61 https://www.cashfloat.co.uk/blog/loans-lenders/payday-loans-in-poland-compared/ (Abrufdatum: 17.02.2019)

ist, dass der Kreditnehmer den Kredit auch zurückzahlen kann[62].

Mit dem Gesetz will Georgien sicherstellen, dass die Kreditgeber ihre Kunden ausführlich analysieren und die Einnahmen und Ausgaben der Kunden genauestens überprüfen.

Das Gesetz schreibt auch vor, in welchem Verhältnis das Einkommen zum Kredit stehen muss. So darf beispielsweise ein Kreditnehmer, der 1.000 GEL (ca. 327 Euro) verdient, maximal 20% davon für Kreditrückzahlungen ausgeben. Diese Regelung gilt bis zum Einkommen von 10.000 GEL (3.270 Euro). Erst darüber hinaus darf der Kreditgeber selbst entscheiden, in welcher Kredithöhe er einen Kredit vergibt[63].

Interessant ist auch der Grund des neuen Gesetzes: Die georgische Regierung will damit das hohe Verschuldungsniveau senken. Im Jahr 2016 lag die Verschuldungsquote der Privathaushalte in Georgien bei 35%[64].

Das Finanzministerium sieht in der übermäßigen Verschuldung ein ernstes Problem[65] und will mit diesem Gesetz die Lage der Verbraucher verbessern.

---

[62] http://georgiatoday.ge/news/13206/New-Lending-Regulations-to-Take-Effect-from-January-1 (Abrufdatum: 17.02.2019)

[63] http://georgiatoday.ge/news/12467/National-Bank-of-Georgia-Tightens-Lending-Regulations (Abrufdatum: 17.02.2019)

[64] http://georgiatoday.ge/news/6880/In-Debt-%26-Broke-in-Georgia (Abrufdatum: 17.02.2019)

[65] http://agenda.ge/en/news/2018/975 (Abrufdatum: 17.02.2019)

Genau das ist auch eines der großen Risiken bei P2P-Krediten. Viele Investoren befürchten, dass ein Kreditnehmer einen Kredit nur noch zurückbezahlen kann, wenn er einen weiteren Kredit bekommt. Eine starke Überschuldung der Kreditnehmer würde dazu führen, dass immer mehr Kreditnehmer ihre Kredite nicht mehr bedienen können.

Die Kreditgeber müssten immer öfter die Rückkaufgarantie auslösen und ab einem gewissen Prozentsatz würde das ganze System kippen und erste Kreditgeber würden ausfallen.

Auch in Lettland ist der Gesetzgeber aktiv; immerhin kommen die meisten P2P-Plattformen von dort.

Die lettischen Behörden sind aktiv dabei, Vorschriften für P2P-Kredite zu erstellen[66]. Das wurde uns auch von der Financial and Capital Market Commission bestätigt.

Ähnlich wie in Polen und Georgien gibt es auch hier noch keine expliziten Gesetze zu P2P-Krediten bzw. zu Crowdlending. Alle Parteien sind aber trotzdem durch geltende Rechte wie:

- Zivilrecht
- Handelsrecht
- Geldwäschevorschriften
- Datenschutzgesetz

---

[66] https://www.welltrado.com/blog/crowdfunding-2/ (Abrufdatum: 17.02.2019)

- FCMC-Vorschriften für Wertpapierdienstleistungen und Zahlungsinstitute
- Verbraucherschutzrechte
- Verbot von unlauteren Geschäftspraktiken
- Gesetz über die Werbung
- Körperschaftsteuergesetz

geschützt.

Zudem wurde ein Gesetz verabschiedet, welches am 01. Juli 2019 in Kraft treten soll. Es schreibt den Kreditgebern einen maximalen Zinssatz von 0,07% pro Tag vor[67].

Die Regelung zielt auf die Kreditgeber ab, die Kredite mit kurzer Laufzeit (Payday Loans) anbieten. Bei den kleinen Geldbeträgen – in der Regel deutlich unter 500 Euro – lohnt sich die Kreditvergabe nicht mehr, wenn der Zinssatz bei lediglich 0,07% pro Tag liegt. Denn die Payday Loans laufen oft nur 7 bis maximal 30 Tage.

Das Gesetz soll bewirken, dass Payday Loans vom Markt verschwinden. Ob die Politik damit Erfolg hat, ist fraglich. Das Interesse und die Nachfrage nach den Krediten mit kurzer Laufzeit ist weiterhin da. Schaut man sich Kreditgeber an, die in Lettland agieren (wie zum Beispiel Viainvest), dann scheinen diese bereits zu reagieren.

Viainvest vergab in Lettland bereits vor dem Inkrafttreten des Gesetzes keine Kredite mit kurzer Laufzeit mehr. Stattdessen wurde das Kredit-Produkt „Kreditlinie“

---

[67] http://www.baltic-course.com/eng/finances/?doc=146153 (Abrufdatum: 17.02.2019)

eingeführt: ein Kredit, der keine feste Laufzeit mehr hat. Viainvest nennt es „flexible Kreditbedingungen". Offiziell hat das natürlich nichts mit dem Gesetzesentwurf zu tun.

Auch Russland ist für P2P-Investoren ein interessantes Land und viele P2P-Plattformen wie Twino oder Robocash bieten auch Kredite aus Russland an.

In einem Gespräch mit Robocash konnten wir erfahren, dass Russland unter allen Ländern, in denen Robocash aktiv ist, der Markt mit den strengsten Vorschriften ist.

Die Kreditgeber werden von der russischen Zentralbank reguliert, müssen sich der erforderlichen Lizenzierung unterziehen und den Status eines Mikrofinanzunternehmens (MFC) oder eines Mikrokreditunternehmens (MCC) erlangen. Ein MFC ist größer als ein MCC und darf auch online arbeiten. Das Mindestkapital für ein MFC beträgt 70 Millionen RUB (ca. 940.000 Euro). Darüber hinaus ist es erforderlich, Mittel zur Deckung überfälliger Kredite zu reservieren. Wenn ein Überfälligkeitszeitraum von 1 bis 30 Tagen besteht, muss das Unternehmen 50% des Kreditbetrags reservieren.

Mit dem Einblick in die Länder Polen, Georgien, Lettland und Russland wollen wir zeigen, dass die Länder den P2P-Kredite-Markt längst im Fokus haben und bereits angefangen haben, mit Gesetzen und Vorgaben einzugreifen.

Wir interpretieren daraus, dass die P2P-Kredite per se kein betrügerisches System sind, sonst würden die Gesetze und Vorgaben der einzelnen Länder das P2P-Geschäft deutlich stärker regulieren oder auch untersagen. Im Gegenteil: Die Gesetzgeber haben Schwachstellen, z. B. drohende Überschuldung, erkannt und ergreifen Maßnahmen, um diese einzudämmen.

Leider hat die EU selbst noch keine Gesetze und Regularien für die alternativen Kredite durch Crowdlending, P2P-Kredite oder Crowdinvestments. Es ist also nicht so, als würden vereinzelte osteuropäische Länder EU-Vorgaben nicht umsetzen. Vielmehr versuchen die Länder selbst, einen Spagat zwischen Vorschriften und Marktfreiheiten hinzubekommen.

Auch wenn wir in diesem Kapitel einige Punkte zusammengetragen haben, die für eine Seriosität der P2P-Plattformen stehen, bedeutet dies nicht, dass automatisch alle P2P-Plattformen seriös sind.

Es kann bei den Plattformen genauso wie bei den Kreditgebern schwarze Schafe geben, die das System ausnutzen und missbrauchen. Nur weil ein Gesetz etwas verbietet, heißt das schließlich nicht, dass sich alle daran halten und nicht versuchen, betrügerische Schlupflöcher zu finden.

Welche Plattform(en) soll ich nun nehmen?

In den vergangenen Kapiteln haben wir dir eine Auswahl an P2P-Plattformen aus unserem Portfolio vorgestellt.

Viele Anfänger tun sich trotzdem schwer mit ihrer Entscheidung und fragen sich: "Welche ist die beste Plattform, um mit P2P-Investments zu beginnen?"

Diese Frage ist genauso schwer zu beantworten wie: "Welcher ist der beste Broker?" oder "Welche ist die beste Aktie?". Fragst du zehn Leute, erhältst du elf verschiedene Antworten. Damit du es etwas leichter hast, geben wir dir ein paar Denkanstöße mit:

1. Überlege dir, in welche Kredite du investieren möchtest, z. B. Verbraucherkredite, Immobilienkredite oder Autokredite?
2. Welche Sicherheiten möchtest du haben? Reicht dir die Rückkaufgarantie oder wünschst du dir dingliche Sicherheiten wie Immobilien?
3. Möchtest du in bereits vorfinanzierte Kredite investieren oder lieber eine Plattform nutzen, auf der die Kredite live von Investoren finanziert werden?
4. Wieviel bist du bereit, pro Kredit zu investieren? 1 Euro, 10 Euro oder 50 Euro?
5. Welche Funktionen erwartest du von der Plattform? Willst du vornehmlich auf einen Autoinvestor setzen oder ziehst du es vor, manuell auf einem Erstmarkt zu investieren?

6. Beachte auch die Versteuerung der Gewinne: Manche Plattformen benötigen eine Ansässigkeitsbescheinigung, um eine plattformseitige Versteuerung zu verhindern. Es gibt auch Plattformen, die generell Steuern abziehen.
7. Welche Ansprüche oder Vorstellungen hast du rund um die Zinshöhe bzw. rund um deine Rendite? Reichen dir 10% oder bist du bereit, ein höheres Risiko einzugehen, um 14% zu erreichen?
8. Wie sieht es mit der geografischen Streuung aus? Gerade, wenn man bereits mehrere P2P-Plattformen im Portfolio hat, kann man gezielt nach Plattformen suchen, die weitere Länder abdecken.

Wer es sich leichtmachen möchte, geht einfach mit der Masse: Viele Einsteiger halten sich schlicht an den größten P2P-Kredite-Anbieter in Osteuropa und starten mit der P2P-Plattform Mintos.

Mintos ist allerdings eine ziemlich große Plattform geworden und hat eine sehr große Vielfalt an Kreditarten und Kreditgebern. Gerade Einsteiger können das für unübersichtlich halten, haben hier aber vielleicht den größten Lerneffekt.

Wie funktioniert das Investieren?

In den vorherigen Kapiteln haben wir uns viel mit den Grundlagen der P2P-Kredite beschäftigt. Das hat hoffentlich einige Fragen geklärt und vermutlich hast du nun Interesse daran, die ganze Sache praktisch umzusetzen.

Vielleicht bist du sogar schon so weit, dass du im letzten Kapitel eine konkrete Plattform finden konntest, auf der du anfangen möchtest.

Doch wie fängt man an und wie läuft so ein Investment ab?

Die Registrierung

Bevor du überhaupt als Investor auch nur einen Euro investieren kannst, musst du dich bei der P2P-Plattform deiner Wahl registrieren.

Die Anbieter der P2P-Plattformen möchten von dir wissen wie du heißt, fragen nach deiner Anschrift und aus welchem Land du kommst. Zudem wird immer eine E-Mailadresse benötigt und du musst dir natürlich auch ein – möglichst sicheres – Passwort überlegen.

Bei den meisten Plattformen gehört zudem eine Telefonnummer zu den Pflichtfeldern. Außerdem musst du dein Geburtsdatum angeben, da auf allen Plattformen das Mindestalter bei 18 Jahren liegt. Oft kommt hinzu, dass du aus einem EU-Land stammen musst.

Abbildung 21: Registrierung bei Robocash

Meist läuft die Registrierung in mehreren kleinen Schritten ab. Anbieter wie zum Beispiel Robocash (siehe Abbildung 21) erlauben auch die Registrierung über Social Media Accounts wie zum Beispiel Facebook.

Wir raten von einer solchen Verknüpfung allerdings ab, um den Social Media Plattformen nicht zusätzlich zu allen persönlichen Aktivitätsdaten auch noch anzuvertrauen, wo und wie wir unser Geld investieren.

Deine Angaben werden von den Betreibern geprüft, darum wirst du um ein Foto bzw. einen Scan von deinem Personalausweis (beide Seiten) oder deinem Pass gebeten. Manche Plattformen fragen zudem direkt bei der

Registrierung die ID-Nummer (Personalausweis oder Reisepass) ab.

Deine Angaben sollten unbedingt der Wahrheit entsprechen, sonst kann es später zu Problemen kommen.

Bei einigen Plattformen kannst du erst investieren, wenn das Foto bzw. der Scan vom Betreiber verifiziert wurde. Bei anderen Plattformen kannst du auch ohne Foto bzw. Scan investieren, jedoch werden der Personalausweis bzw. der Pass benötigt, sobald du dir Geld auszahlen lassen möchtest.

Es gibt zudem Anbieter, die ein zweites Dokument zur Verifizierung deiner Angaben benötigen. Oft möchten die Betreiber ein offizielles Schreiben (z. B. eine Rechnung) von dir haben. Dieses Schreiben muss von einer Behörde, einem Versorgungsunternehmen oder einer Bank stammen. Auf dem Schreiben müssen dein Name, deine Adresse sowie ein Datum ersichtlich sein.

Wir haben für solche Zwecke immer eine Abrechnung unseres Strom- oder Gasanbieters genommen, da diese Dokumente meist in digitaler Form vorliegen und sich so optimal zum Einreichen eignen. Du musst auch nicht die ganze Abrechnung einreichen, es genügt die erste Seite. Informationen, die die P2P-Plattformen nichts angehen, kannst du einfach schwärzen. Es geht nur darum, sicherzustellen, dass du die Adresse auch tatsächlich bewohnst, die in deinem Personalausweis angegeben ist.

Unsere Empfehlung ist: Erledige den Papierkram am besten gleich zu Beginn. Gerade mit einem Smartphone sind die Fotos schnell gemacht und hochgeladen. Es gibt auch P2P-Plattformen wie zum Beispiel NEO Finance, die ein Foto per Webcam von dir machen.

Nun stellst du dir vielleicht die Frage: Warum möchten die Anbieter diese ganzen Informationen von dir haben?

Die Betreiber der P2P-Plattform brauchen die Unterlagen, um Geldwäsche und Terrorismusfinanzierung vorzubeugen. Die Betreiber sind verpflichtet, die Identität ihrer Investoren zu überprüfen.

Immerhin ist es bei keiner uns bekannten P2P-Plattform in Osteuropa nötig, ein Postident-Verfahren oder ähnliches durchzuführen, wie man es beispielsweise bei neuen Konten häufig erlebt.

Bei ein paar Anbietern können individuell weitere Abfragen hinzukommen. Zum Beispiel möchte Mintos wissen, über welches Karrierelevel du verfügst oder ob du eine politische Person oder mit einem Politiker verwandt bist.

Bei allen Anbietern musst du den Nutzungsbedingungen und den Datenschutzbedingungen zustimmen. Denn auch für die P2P-Plattformen gelten die europäischen Datenschutzgesetze.

Die Einzahlung

Sobald du die Registrierung geschafft hast, landest du nach dem Login auf deinem Dashboard. Das Dashboard zeigt dir zu Beginn noch nicht viele Informationen an. Du wirst zudem feststellen, dass dein Kontostand auf 0 Euro steht.

Bevor du nun in P2P-Kredite investierst, musst du Geld zum Investieren bereitstellen. Fast alle Anbieter der P2P-Plattformen erlauben die einfache Banküberweisung mittels SEPA. Das hat unserer Meinung nach den Vorteil, dass es sehr einfach und sehr schnell geht. Du erstellst eine Überweisung und gibst den Betrag an, den du einzahlen möchtest. Nun musst du nur noch Namen und IBAN des Empfängers sowie einen Verwendungszweck eintragen.

Diese drei Dinge gibt dir die P2P-Plattform vor. Die Kontoinformationen erhältst du nach der Registrierung oft per E-Mail und zudem sind die Informationen meist über das Dashboard oder im Menü unter "Einzahlung" zu finden.

Wichtig ist, dass du vor allem den Verwendungszweck korrekt übernimmst. In den Vorgaben von der P2P-Plattform befindet sich nämlich deine Investoren-ID-Nummer. Damit kann der Anbieter die Zahlungseingänge deinem Investorenkonto direkt zuweisen. Daher unser Tipp: Achte auf die korrekte Investoren-ID-Nummer im Verwendungszweck. Natürlich solltest du auch die IBAN richtig übernehmen.

Bei einer SEPA-Überweisung musst du 1-2 Werktage warten, bis der Betrag deinem Investorenkonto gutgeschrieben ist. Du wirst meist per E-Mail über den Zahlungseingang informiert.

Oft klappt die Gutschrift aber bereits innerhalb von 24 Stunden. Überweist du abends das Geld, kannst du dann am nächsten Tag bereits mit dem Investieren beginnen.

Bei einigen Anbietern wirst du eine ganze Reihe von weiteren Einzahlungsmöglichkeiten entdecken. Sehr beliebt sind zum Beispiel die Dienstleister TransferWise[68], Trustly[69] und Paysera[70]. Beachte aber bei solchen Dienstleistern immer, dass eventuell Gebühren entstehen können. Alleine Mintos akzeptiert fünf verschiedene Online-Zahlungsdienstleister.

Abbildung 22: Einzahlungsmöglichkeiten bei Mintos (Quelle: mintos.com)

[68] https://transferwise.com/de/

[69] https://trustly.com/de/

[70] https://www.paysera.com/v2/en/index

Manuell oder per Autoinvestor investieren?

Du hast dich erfolgreich auf der P2P-Plattform deiner Wahl registriert und erstes Geld überwiesen? Super!

Dann möchtest du jetzt sicherlich dein Geld investieren und es stellt sich die Frage: Investierst du es manuell oder mit dem Autoinvestor?

Wir empfehlen dir, in deine ersten Kredite manuell zu investieren. Damit wirst du etwas vertrauter mit dem Angebot, den Informationsdetails und dem Ablauf.

Wenn du den Erstmarkt nach möglichen Krediten durchsuchst, achte darauf, dass die Filter deinen Wünschen entsprechend eingestellt sind. Willst du zum Beispiel erst einmal nur in Autokredite investieren, dann achte darauf, dass dir auch nur Autokredite angezeigt werden.

Falls du Wert auf die Rückkaufgarantie legst, dann ist es natürlich wichtig, dass du nur Kredite mit Rückkaufgarantie auswählst. Die Kredite erkennst du meistens an einem Symbol.

Wenn du manuell investierst, wirst du bald feststellen, dass dies recht zeitaufwendig ist. Außerdem erhältst du – zumeist bei Krediten mit Rückkaufgarantie – viel zu wenige Informationen über den Kreditnehmer. Mit den oft spärlichen Informationen hast du keine Chance, den Kreditnehmer irgendwie sinnvoll bewerten zu können.

Daher hat sich der Autoinvestor etabliert. Du musst selbst nicht aktiv werden, der Autoinvestor arbeitet ganz alleine.

Es werden auch Rückzahlungen und Rückflüsse aus Zinszahlungen über den Autoinvestor in neue Kredite reinvestiert – vorausgesetzt, dass du dies auch so im Autoinvestor eingestellt hast.

Der Autoinvestor unterscheidet sich bei den P2P-Plattformen hauptsächlich in der Gestaltung und in der Einstellungsvielfalt. Bei P2P-Plattformen mit kleinem Kreditangebot sind oft einfach weniger Einstellungsoptionen vorhanden.

Was passiert, nachdem ich investiert habe?

Sobald du investiert hast, kannst du auf die Zins- und Kreditrückzahlungen warten. Den genauen Ablauf kannst du dem jeweiligen Zahlungsplan des Kredites entnehmen. Hier siehst du genau, wann du mit der nächsten Zahlung rechnen kannst.

Wir nehmen an, du hast 10 Euro in einen Kredit investiert, der eine Laufzeit von 12 Monaten hat und 12% Zinsen anbietet.

Dieser Kredit hat, wie alle Kredite, einen Zahlungsplan. Diesem Plan kannst du entnehmen, dass die nächsten 12 Monate z. B. immer am 13. eines jeden Monats eine Rückzahlung in einer bestimmten Höhe erfolgen soll.

Datum	Hauptbetrag	Zinsen	Gesamt	Eingegangene Zahlung	Zahlungsdatum	Status
13.07.2018	€ 62.85	€ 14.24	€ 77.09	€ 77.09	14.07.2018	Gezahlt
13.08.2018	€ 68.83	€ 14.00	€ 82.83	€ 82.83	14.08.2018	Gezahlt
13.09.2018	€ 75.36	€ 13.23	€ 88.59	€ 88.59	14.09.2018	Gezahlt
13.10.2018	€ 82.52	€ 11.98	€ 94.50	€ 94.50	15.10.2018	Gezahlt
13.11.2018	€ 90.36	€ 11.45	€ 101.81	€ 101.81	14.11.2018	Gezahlt
13.12.2018	€ 98.95	€ 10.09	€ 109.04	€ 109.04	14.12.2018	Gezahlt
13.01.2019	€ 108.35	€ 9.31	€ 117.66			Geplant

Abbildung 23: Rückzahlungsplan eines Kredites auf Mintos (Quelle: mintos.com)

Die Rückzahlung kann entweder nur aus den Zinsen bestehen, dann erfolgt erst mit der letzten Rate die Rückzahlung deiner 10 Euro. Oder du erhältst monatlich einen Teil deiner 10 Euro plus der fälligen Zinsen. Das ist je nach Kreditart und Kreditnehmer unterschiedlich.

Bei den kurzlaufenden Verbraucherkrediten werden Zinsen und der Hauptbetrag auf einen Schlag, mit einer Rate, zurückgezahlt. Bei Ratenkrediten erhältst du in monatlichen Rückzahlungen anteilig die Zinsen und den Hauptbetrag zurück.

Am 13. des Monats können nun zwei Dinge passieren. Entweder der Kreditnehmer zahlt, dann verläuft der Kredit planmäßig. Oder er zahlt nicht, dann geht der Kredit in die Verspätung.

Zahlt der Kreditnehmer, dann ist alles in Ordnung. Zahlt er nicht, dann sind ab sofort die Tage bis zur Rückkaufgarantie gezählt.

Bis die Rückkaufgarantie greift, können 30 oder 60 Tage vergehen. Die genaue Dauer ist von der P2P-Plattform abhängig.

Zahlt der Kreditnehmer innerhalb der 30 oder 60 Tage doch noch, läuft der Kredit ganz regulär weiter. Werden die 30 bzw. 60 Tage erreicht, dann wird die Rückkaufgarantie ausgelöst.

Der Kreditgeber erstattet dir nun dein eingesetztes Kapital, in diesem Fall die 10 Euro. Bei den meisten P2P-Plattformen mit einer Rückkaufgarantie werden dir auch noch die entgangenen Zinsen erstattet.

Damit wäre dein Investment abgeschlossen und du kannst mit der erhaltenen Rückzahlung direkt in einen neuen Kredit investieren.

Wo bleibt die Moral bei der Geschichte?

Du hast bereits erfahren, dass bei P2P-Krediten sehr hohe Renditen möglich sind. Die Anbieter zahlen in der Regel zwischen 8% und 14% Zinsen.

Bei P2P-Plattformen, die ohne Rückkaufgarantien arbeiten wie z. B. Bondora, können sogar noch höhere Zinsen angeboten werden.

Hinzu kommt, dass wir Investoren keine Gebühren bezahlen für das Investieren auf den P2P-Plattformen. Der Anbieter des P2P-Marktplatzes muss also auch noch bezahlt werden, schließlich fallen für die Entwicklung und den Betrieb einer solchen Plattform ebenfalls Kosten an.

Wie du gelernt hast, zahlt der Kreditnehmer dem Kreditgeber weitaus höhere Zinsen als uns Investoren. Schließlich will neben uns und dem Betreiber der P2P-Plattform auch der Kreditgeber gutes Geld verdienen. Darüber hinaus muss der Kreditgeber die Rückkaufgarantie finanzieren und Ausfälle mit einkalkulieren.

Daher bekommen wir Investoren zwar 8% bis 14% Zinsen, der Kreditnehmer zahlt aber letzten Endes Zinsen im bis zu dreistelligen Bereich.

Bei den Verbraucherkrediten mit kurzer Laufzeit (den Payday Loans) ist es üblich, dass der Kreditnehmer Zinsen im Bereich von 200%, 400%, 600% oder sogar noch mehr bezahlen muss.

Da hilft es auch nicht, auf die sehr kurze Laufzeit von 7 bis 30 Tagen zu verweisen oder darauf, dass der Kreditnehmer keinerlei Sicherheiten hinterlegen muss.

Daher wird zu Recht immer wieder über den moralischen Aspekt diskutiert. Darf ich überhaupt in solch eine Anlage investieren? Ist das nicht moralisch verwerflich?

Wer auf seine Gehaltszahlung warten muss, muss trotzdem seine Miete und Nebenkosten weiterbezahlen. Banken bieten solche kleinen und kurzlaufenden Kredite nicht an oder verlangen ebenso hohe Zinsen. Zudem dauert die Vergabe der Kredite bei Banken deutlich länger. Daher füllen die P2P-Kreditgeber hier eine Lücke, die aktiv nachgefragt wird.

Auf der einen Seite natürlich eine gute Sache, da die Menschen nun schnell an Geld kommen können. Auf der anderen Seite darf man auch die Nachteile nicht missachten.

Die Kredite werden online innerhalb von wenigen Minuten vergeben. Damit ist die Hürde, einen Kredit aufzunehmen, eher gering. Die Verschuldungsgefahr steigt, da beim nächsten Engpass erneut „einfach" ein Kredit aufgenommen werden kann – es war beim ersten Mal schließlich auch schon recht einfach.

Zudem bieten viele der Kreditgeber ein Bonussystem an: Je öfter man einen Kredit aufnimmt, umso weniger Zinsen muss man bezahlen.

Es ist denkbar, dass Kreditnehmer einen Kredit mit einem anderen Kredit bezahlen. Eine drohende Überschuldung kann also nicht ausgeschlossen werden.

Hier sind vor allem die Kreditgeber in der Pflicht, genau solche Fälle zu erkennen und einzugreifen.

Man muss aber auch dazu sagen, dass der moralische Aspekt bei allen Geldanlagen geprüft werden sollte.

Es gibt Investoren, die keinen ETF (Exchange Traded Funds) auf den MSCI World Index akzeptieren, weil dort Firmen gelistet sind, die sie nicht unterstützen möchten. Nicht jeder Anleger möchte schließlich in Pharma- und Chemiekonzerne investieren. Nicht jeder ist vom Tun und Handeln von Nahrungs- und Mischkonzernen wie Nestlé, Procter & Gamble oder Unilever angetan, die immer wieder in der Kritik stehen.

Hinzu kommen die vielen Rüstungskonzerne, die im MSCI World enthalten sind. Nicht jeder Anleger möchte mit Konzernen wie Lockheed Martin, Boeing, BAE Systems und Co. Geld verdienen.

Zudem gibt es viele weitere Diskussionsfelder wie Tabak, Kinderarbeit und Alkohol. Und das alles ist völlig legitim.

Es gibt aber auch Lösungen. Für die ETFs gibt es bereits Angebote wie z. B. "ex Controversial Weapons". Das sind ETFs, die zwar auf dem MSCI World Index aufbauen, aber Unternehmen ausschließen, die im Waffen- bzw. Rüstungsgeschäft tätig sind. Auch gibt es Indizes, die sich auf Nachhaltigkeit konzentrieren, ein Schlagwort ist hier „Social Responsible Investing" – kurz SRI. Hier werden

Unternehmen gelistet, die sich in Bezug auf Umwelt, Führung und Soziales als sehr verantwortungsvoll hervortun.

Daneben kann man auf Green Bonds zurückgreifen. Das sind Anleihen, mit deren Erlös umweltfreundliche oder soziale Projekte gefördert und finanziert werden sollen.

P2P-Kredite aufgrund der hohen Zinsen pauschal zu verteufeln, ist unserer Meinung nach zu einseitig gedacht. Denn das Finanzierungskonzept erlaubt viel mehr als nur Verbraucherkredite. Wie bei ETFs gibt es auch hier genug Alternativen.

Bei P2P-Krediten kannst du Verbraucherkredite einfach ausschließen und dich auf Autos, Pfandkredite, Getreide, Unternehmenskredite, Rechnungsfinanzierung oder Immobilien konzentrieren. Die Optionen sind vielfältig und es werden immer mehr.

Die Verwaltung und Kontrolle

Egal ob du manuell oder über den Autoinvestor investierst, du willst bald einen Überblick über deine laufenden Kredite erhalten.

Unter dem Menüpunkt "Meine Investitionen" (oder ähnlich) findest du auf jeder Plattform eine Liste mit all den Krediten, in die du investiert bist.

Je nach Plattform kannst du bereits der Übersicht entnehmen, ob der Kredit nach dem Zahlungsplan verläuft oder ob der Kreditnehmer mit einer Zahlung im Rückstand ist – dann lautet der Status "verzögert".

Bei manchen Plattformen kannst du auch einsehen, wann der nächste Zahlungstermin ist. Gerade bei den Verbraucherkrediten mit kurzer Laufzeit wird es erfahrungsgemäß sehr schnell zu ersten Zinszahlungen kommen.

Wann immer du etwas über dein Portfolio wissen möchtest, schaust du unter "Meine Investitionen" nach.

Wenn du etwas über deine Kontobewegungen – z. B. Einzahlungen, Rückzahlungen oder Zinsen – wissen möchtest, dann ist der Kontoauszug deine erste Anlaufstelle.

Bei Verwaltungsfragen oder beim Nachvollziehen von Zahlungsflüssen ist der Kontoauszug ein sehr wichtiges Werkzeug. Spätestens bei der Steuererklärung wirst du diese Funktion zu schätzen wissen. Hier kann meistens auch nach bestimmten Kriterien gefiltert werden, um ein übersichtlicheres Ergebnis zu erhalten.

Sobald du auf mehreren P2P-Plattformen aktiv bist, kann es sich lohnen, die Entwicklung deiner P2P-Investitionen plattformübergreifend festzuhalten.

Investieren in Fremdwährungen

Auf einigen Plattformen kannst du in fremden Währungen in P2P-Kredite investieren. Gerade die P2P-Plattform Mintos ist führend darin, möglichst viele Währungen anzubieten. Auf Mintos kann ein Investor aktuell in die folgenden zwölf Währungen investieren:

- Euro (EUR)
- Tschechische Krone (CZK)
- Dänische Krone (DKK)
- Britische Pfund (GBP)
- Kasachischer Tenge (KZT)
- Polnischer Złoty (PLN)
- Russische Rubel (RUB)
- Schwedische Krone (SEK)
- US Dollar (USD)
- Mexikanischer Peso (MXN)
- Georgischer Lari (GEL)
- Rumänischer Leu (RON)

Um uns Euro-Investoren den Zugang zu den anderen Währungen zu vereinfachen, können die Währungen schnell und einfach über den Währungswechsler bei Mintos hin und her getauscht werden.

Natürlich ist dieser Dienst nicht kostenlos. Jeder Währungstausch kostet eine Gebühr (wenn nicht gerade eine Sonderaktion läuft und die Gebühr erstattet wird). Die Gebühr ist bei jedem Währungspaar unterschiedlich. Möchte ich 100 Euro in den georgischen Lari wechseln, werden dafür 2,00 Euro Gebühren fällig. Tausche ich dieselbe Summe in britische Pfund, werden nur 50 Cent Gebühren fällig (Stand Januar 2019).

Hast du 100 Euro in georgische Lari gewechselt, bekommst du dafür nach aktuellem Kurs knapp 300 Lari. Wechselst du die 300 Lari wieder in Euro zurück, werden 9 Lari an Gebühren fällig. Das sind rund 3 Euro (Stand Januar 2019).

Wir möchten dich daher sensibilisieren, dass dich jeder Währungswechsel Geld kostet, auch der Wechsel zurück in den Euro ist gebührenpflichtig. Du musst zudem bedenken, dass du die Wechselgebühren erst einmal verdienen musst.

Beim Investieren in fremde Währungen sehen wir insgesamt vier Risiken:

1. Risiko 1: Wechselgebühren zur Zielwährung verringert die Rendite.

2. Risiko 2: Die hohen Zinsen der Kredite sind nicht garantiert. Dich haben die 18% Zinsen bei den Lari-Krediten gelockt? Niemand garantiert, dass der Kreditgeber nicht nächste Woche die Zinsen senkt.

3. Risiko 3: Wechselgebühren zurück zum Euro verringern die Rendite.

4. Risiko 4: Der Währungskurs ist nicht stabil.
   Jede Währung schwankt, gerade bei osteuropäischen Währungen ist dies der Fall. Aber auch das britische Pfund schwankt aktuell durch den geplanten Brexit stärker als früher. Das etwaige Mehr an Zinsen kann sich durch fallende Währungskurse nicht nur ausgleichen, sondern sogar stark negativ entwickeln.

Praxisbeispiel: Investieren im georgischen Lari

In diesem Kapitel berichtet Sebastian von seinem Investment in einer Fremdwährung und erklärt, warum sich die hohen Zinsen von 17% am Ende nicht immer rechnen.

Ich investierte seit dem 21.02.2017 in P2P-Kredite im georgischen Lari. Dafür habe ich testweise 54 Euro in 151,45 Lari gewechselt. Damals hatte ich noch das Glück, dass keine Wechselgebühren verlangt wurden. Wer jetzt im Februar 2019 seine Euros in Lari wechselt, muss Wechselgebühren bezahlen. Für die 54 Euro fallen immerhin 1,08 Euro Gebühren an.

Ausschlaggebend für meine Lari-Investments waren die georgischen Kredite, die mit 16% Zinsen angeboten wurden. Ich wollte zudem das Investieren in Fremdwährungen innerhalb eines schmalen Testballons ausprobieren, daher auch der verhältnismäßig kleine Startbetrag.

Kurz nach dem Währungstausch wurden die georgischen Kredite sogar über eine längere Zeitspanne mit 17% Zinsen angeboten. Mittlerweile sind die Renditen wieder auf 16% zurückgefallen.

Bei so hohen Zinsen könnte man nun vermuten, dass es sich hierbei um ein sehr lohnenswertes Investment handelt.

Leider sprechen die realen Zahlen eine ganz andere Sprache.

Am 21.02.2017 habe ich mit 151,45 GEL gestartet und via Autoinvestor in Kredite mit 16% bis 17% investiert.

Am 26.02.2019, also gut 2 Jahre später, habe ich einen Kontostand von 202,33 GEL.

Laut XIRR liegt meine Rendite bei 15,47%, auf den ersten Blick gar nicht so schlecht. Doch sollte ich nun das Geld auf mein Bankkonto zurücküberweisen wollen, müsste ich es erst in Euro umtauschen.

Rechnet man die GEL-Beträge in Euro um, so sind in 2 Jahren aus 54 Euro ganze 66,51 Euro geworden.

Berechne ich nun mit den Euro-Werten meine Rendite, so liegt diese nur noch bei 10,90%.

Warum fehlen 4,57%? Die fehlende Rendite kommt durch die negative Entwicklung des georgischen Lari zustande.

Der Lari hat in den letzten 2 Jahren an Wert eingebüßt. Im Februar 2017 hat man für einen Lari noch 0,37 Euro erhalten. Zwei Jahre später gibt es nur noch 0,33 Euro. Das ist immerhin ein Minus von fast 11%!

Daher schrumpft meine Rendite von 15,47% auf nur noch 10,90%.

Was an dieser Stelle noch gar nicht einberechnet wurde, sind die Wechselgebühren. Beim Wechsel von Euro zu Lari fallen zum Zeitpunkt des Schreibens 1,08 Euro an. Beim Zurückwechseln von Lari in Euro fallen 6,06 Lari an, das sind immerhin stolze 2 Euro. Und Achtung: Die Wechselgebühren sind prozentual an den Wechselbetrag gebunden! Wer viel Geld wechselt, zahlt entsprechend mehr Gebühren.

Eigentlich müsste ich nun von den 66,51 Euro noch die zwei Gebühren in Höhe von 1,08 Euro und 2 Euro abziehen. Damit würde mein Gewinn nach 2 Jahren nur noch bei 63,43 Euro liegen.

So fällt die Rendite natürlich noch weiter ab und liegt nur noch bei 8,32%.

In derselben Zeit konnte ich aber mit meinen Euro-Investitionen auf Mintos eine Rendite von über 12% einfahren.

Vergleicht man nun die beiden Renditen und bezieht das Währungsrisiko und die Wechselgebühren mit ein, lohnt sich dieses Investment nicht.

Unsere Empfehlung ist es, für den Anfang beim Euro zu bleiben. Wenn du in anderen Währungen investierst, kommen weitere Risiken hinzu. Beachte dies bitte, bevor du mit dem Investieren beginnst und dich von den hohen Zinsen der Fremdwährungskredite locken lässt, denn diese können sich schnell reduzieren.

Diversifikation und Anlagestrategien

Vincent ist bekannt für sein Faible für eine ordentliche Diversifikation. Wie kann man eine solche nun innerhalb der P2P-Kredite sinnvoll erreichen?

Für eine umfangreiche Diversifikation gibt es viele Möglichkeiten! Am Anfang des Buches haben wir bereits darauf hingewiesen, dass P2P-Kredite nur eine Beimischung für deinen Vermögensmix sein sollten. Somit bist du idealerweise schon über einige andere Anlageklassen hinweg diversifiziert.

Investieren mit kleinem P2P-Vermögensanteil

Es kommt darauf an, welche Größenordnung P2P-Kredite in deinem Vermögensmix generell erreichen sollen. Zu Beginn oder bei langfristig kleinem Volumen reicht vielleicht schon die Diversifikation innerhalb einer einzelnen, etwas größeren Plattform.

Wenn es z. B. Mintos sein soll, hast du allein dort die Möglichkeit, über

- 60 Kreditgeber (Tendenz stark steigend)
- 26 Länder
- 8 Kreditarten
- 12 Währungen

zu streuen. Dies ist in einem solchen Ausmaß bei anderen Anbietern nicht möglich. Bei kleineren Plattformen können die Diversifikationsmöglichkeiten sogar gar nicht vorhanden oder auf ein Minimum beschränkt sein!

Diversifikationseinstellung im Autoinvestor

Mintos bietet einen sehr detaillierten Autoinvestor an, was auf Grund der Größe der Plattform auch Sinn macht. Einen Einsteiger kann die gegebene Komplexität aber zunächst abschrecken.

Um zu verhindern, dass die automatisch getätigten Investitionen zu einseitig auf einige Kreditgeber verteilt werden, gibt es eine nützliche Funktion. Schließlich möchten wir im Sinne einer breiten Streuung über möglichst viele Kreditgeber unser Kapital in etwa gleichmäßig streuen, oder besser bewerteten Kreditgebern etwas mehr anvertrauen als anderen.

Abbildung 24: Diversifikationseinstellung im Autoinvestor (Quelle: mintos.com)

Die Option wird von Mintos „Diversifikation über Kreditgeber hinweg“ genannt. Markierst du hier das „Ja“, dann achtet der Autoinvestor auf eine gleichmäßige Verteilung.

Abbildung 25: erweiterte Einstellungen im Autoinvestor (Quelle: mintos.com)

In Abbildung 25 sieht man ein Beispiel für eine gleichmäßige Verteilung über alle gewählten Kreditgeber.

Du kannst die Werte (im Beispiel 3,7%) auch manuell verändern. So kannst du Kreditgebern, die du stärker in deinem Portfolio vertreten haben möchtest, eine höhere Gewichtung vergeben.

Kreditgeber, über die du gar nicht investieren möchtest, kannst du bereits in einem vorherigen Schritt ausschließen, indem du den entsprechenden Haken im Auswahlmenü entfernst.

Abbildung 26: Kreditgeber ausschließen (Quelle: mintos.com)

In Abbildung 26 haben wir beispielhaft den Kreditgeber „ACEMA“ ausgeschlossen, was man am nicht gesetzten Haken erkennt.

Diversifikation für größere Volumina

Mit dem wachsenden Volumen deines P2P-Anteils bietet es sich an, deine Investments über mehrere Plattformen zu streuen, um das Plattformrisiko zu senken. Wie überall sollte man sich nicht von einer einzelnen P2P-Plattform abhängig machen. Innerhalb der Plattformen kann man dann womöglich über die verschiedenen Kreditgeber, Länder und Kreditarten streuen, um eine maximale Diversifikation zu erreichen.

Eine weitere Möglichkeit der Risikostreuung besteht darin, in jedes Kreditprojekt nur den Mindestbetrag zu investieren. So landet dein zu investierendes Kapital zwangsläufig in vielen verschiedenen Krediten und du bist nicht auf die Rückzahlungen eines oder weniger Kreditnehmer angewiesen.

Es gibt auch Stimmen, die behaupten, es wäre im Zusammenhang mit der Rückkaufgarantie egal, weil notfalls der Kreditgeber einspringt und deine Forderungen nebst Zinsen begleicht. Wir haben aber auch schon gelernt, dass diese sogenannte „Garantie" keine solche ist und auch ausfallen kann.

Die Auswirkungen dieses Risikos haben Anleger, die in Projekte des Kreditgebers Eurocent auf Mintos angelegt haben, bereits am eigenen Leib erfahren.

Wer über mehrere P2P-Plattformen streut, sollte auch darauf achten, dass sich die Plattformen mit den angebotenen Kreditarten ergänzen. Drei Plattformen, die

Verbraucherkredite aus Polen anbieten, sind keine optimale Ergänzung zueinander, sondern eher das Gegenteil, das als „Klumpenrisiko“ bezeichnet wird.

Besser ist es, auch Plattformen mit ins Portfolio zu nehmen, die Immobilienkredite oder Unternehmenskredite aus diversen Ländern anbieten.

Was passiert bei einem Ausfall?

Viele Anleger wollen wissen, was genau bei einem Ausfall einer P2P-Plattform oder eines Kreditgebers passiert.

Fällt eine P2P-Plattform aus, dann ist geplant, dass ein Insolvenzverwalter oder eine Person in ähnlicher Funktion die Geschäfte weiterführt. In der Regel sind die P2P-Plattformen nur Vermittler zwischen den Investoren und den Kreditgebern. Falls die P2P-Plattform pleitegeht, sollte der eigentliche Kredit ganz normal weiterlaufen. Die Sicherstellung, dass jeder Investor seine Zins- und Rückzahlung erhält, wäre dann eine Aufgabe des Insolvenzverwalters.

Neben der P2P-Plattform kann auch der Kreditgeber ausfallen. Du hast bereits erfahren, dass es noch sehr wenige Erfahrungen mit dem Ausfall einer Plattform oder eines Kreditgebers gibt. Ein Ausfall einer Plattform in Osteuropa ist uns nicht bekannt. Zudem ist bisher nur ein Ausfall auf der Kreditgeber-Seite negativ aufgefallen: der Ausfall von Eurocent auf Mintos im Sommer 2017.

Fällt ein Kreditgeber aus, dann kommt es darauf an, wie du über den Kreditgeber in dessen Kredite investiert hast. Es gibt zwei verschiedene Investitionsstrukturen, wie wir Anleger in Kredite investieren können.

Es werden eine direkte (Direct) und eine indirekte (Indirect) Investitionsstruktur angeboten[71].

---

[71]https://www.mintos.com/de/darlehensnotierungen/darlehensanbahner-login/#details (Abrufdatum: 06.02.2019)

Bei der direkten Investitionsstruktur erwirbst du eine Forderung direkt gegen den Kreditnehmer.

Bei der indirekten Variante hast du eine Forderung gegen den Kreditgeber und nicht gegen den einzelnen Kreditnehmer.

Wir hören oft die Frage, welche Variante die bessere sei. Die Frage ist nicht ganz so einfach zu beantworten. In erster Linie verschiebt die Investitionsstruktur das Risiko.

Die direkte Investitionsstruktur

Bei der direkten Struktur hältst du die Forderung gegen den einzelnen Kreditnehmer. Im Falle einer Pleite des Kreditgebers sollte der Kredit ganz normal weiterlaufen. Der Insolvenzverwalter sollte nun dafür sorgen, dass die Kreditnehmer den Kredit vollständig zurückzahlen. Das theoretische Recht dazu würde bestehen. Allerdings gibt es in der Praxis zu wenig Erfahrungswerte, um hier ein finales Fazit zu ziehen und dir eine solide Empfehlung geben zu können.

Der beste Tipp, den wir an dieser Stelle für dich haben, ist, den weiteren Verlauf der Abwicklung von Eurocent zu verfolgen. Im Sommer 2017 ging der Kreditgeber pleite und zum Zeitpunkt des Verfassens dieses Buches waren noch knapp über 200.000 Euro an Kreditvolumen offen. Eurocent hatte ebenfalls eine direkte Investitionsstruktur, so dass die Mahn- und Inkassoprozesse noch laufen dürften.

Es bleibt also abzuwarten, wie hoch der Schaden durch den Ausfall von Eurocent am Ende tatsächlich sein wird. Wir empfehlen dir den mintoseigenen Blog[72]; hier wurde bereits einige Male über Eurocent informiert.

Die indirekte Investitionsstruktur

Auf den ersten Blick könnte man meinen, dass man bei der indirekten Investitionsstruktur weniger gut aufgestellt ist, da man keine Forderungen gegenüber den einzelnen Kreditnehmern hat.

Geht ein Kreditgeber pleite, hat man schließlich nichts mehr in der Hand.

Gerade auf Mintos gibt es einige Kreditgeber, die eine indirekte Investitionsstruktur anbieten.

Aber: Hier wird über andere Wege für ein Mehr an Sicherheit gesorgt – so z. B. bei Mintos über das Pfand der Vermögenswerte.

Angenommen, der Kreditgeber geht pleite, dann hat Mintos ein Pfändungsrecht auf das Geschäftsvermögen. Damit will Mintos sicherstellen, dass Forderungen von uns Investoren erfüllt werden können.

Die Höhe des Pfandes ist etwas höher als das Kreditvolumen des Kreditgebers auf dem Mintos-Marktplatz. Mintos hat das Recht auf die „erste Zahlung“ aus der Insolvenzmasse vereinbart.

---

[72] https://blog.mintos.com/de?s=eurocent (Abrufdatum: 06.02.2019)

Gut ist, dass Mintos sich dieses Pfand sichert, keine Frage. Was dieses Pfand aber bei einer Pleite wert ist, wird sich erst noch zeigen müssen.

Zusätzlich zum Pfand der Vermögenswerte kann es bei Mintos die „Garantie des Konzerns“ (oder von einem anderen verbundenen Unternehmen) geben. Das bedeutet, dass die Konzernmutter bzw. Gesellschaft eine Unternehmensgarantie bereitstellt. Diese Garantie soll die Rückkaufgarantie des Kreditgebers sicherstellen.

Sollte der Kreditgeber in Schieflage geraten, springt die Konzerngesellschaft ein und übernimmt die Verpflichtungen.
Dieses Vorgehen ist in den Partnerverträgen festgehalten und juristisch bindend!

Wie beim Pfand der Vermögenswerte gilt auch hier: Wie gut dieser Schutz wirklich funktioniert, wird sich erst noch zeigen müssen. Erfahrungswerte fehlen hier noch gänzlich, da bisher kein Kreditgeber mit einer indirekten Investitionsstruktur ausgefallen ist.

Jeder Investor darf bzw. muss selbst entscheiden, welche Variante besser zu ihm passt. Im Rahmen einer ausgewogenen Diversifizierung ist eine Mischung der beiden Investitionsstrukturen vielleicht ein geeigneter Mittelweg.

Ohne Verluste durch eine Wirtschaftskrise?

Von einer angemessenen Streuung spricht man ab 100 Projekten innerhalb einer Plattform. Legen wir zugrunde, dass das Mindestinvestment pro Projekt bei den meisten Plattformen bei 10 Euro liegt, benötigst du pro Plattform 1.000 Euro, um diese empfohlene Streuung zu erreichen. Das lässt sich über den Autoinvestor einstellen und somit ganz einfach steuern.

Die P2P-Plattform Bondora hat 2014 die Portfolios ihrer Investoren analysiert[73] und gab die Empfehlung, noch breiter zu streuen.

Wir befinden uns seit Jahren in einer (noch) gesunden Phase des Wirtschaftszyklus' mit ausreichendem Wachstum. Der osteuropäische P2P-Markt kennt nur dieses positive Umfeld. In den USA gab es die ersten P2P-Plattformen schon vor der letzten Weltwirtschaftskrise 2008/2009. Dort können wir rückblickend sehen, wie sich ein bestehender P2P-Markt in einer ausgewachsenen Krise entwickelt hat.

Die großen US-amerikanischen P2P-Plattformen Prosper (seit 2005) und Lending Club (seit 2006) wurden vor der Krise gegründet. Deren Statistiken[74] zeigen, dass die Wahrscheinlichkeit, einen Verlust auf einer Plattform zu erleiden, ab 100 Projekten unter 1% sinkt und fast kein Anleger mit einer Gesamtsumme von mehr als 200 Beteiligungen Kapital in nennenswerter Höhe verloren hat.

---

[73] https://www.bondora.com/blog/much-diversification-enough/ (Abrufdatum: 02.03.2019)

[74] https://blog.lendingclub.com/diversification-101-marketplace-lending/ (Abrufdatum: 02.03.2019)

Auch über die britische P2P-Plattform Zopa (gegründet 2005) liest man, dass sie – ohne Investorenkapital zu verlieren – durch die Krise gekommen ist und nur ein kleiner Rückgang der Renditen in 2008 zu verzeichnen war[75].

Die erste osteuropäische P2P-Plattform Bondora wurde im Jahr 2008, also mitten in der Weltwirtschaftskrise, gegründet. Hier war einer der Beweggründe sicher auch, ebendiese Krise für sich zu nutzen und jenen Menschen Kredite anzubieten, die sie krisenbedingt nicht mehr (so einfach) über eine Bank bekommen hätten. Jedenfalls hat auch Bondora das Nachgründungsjahr und den Höhepunkt der Wirtschaftskrise mit einer positiven Rendite für die Anleger überstanden; damals allerdings noch bei einem sehr geringen Kreditvolumen.

Aus eigener Erfahrung kann Vincent berichten, dass ihn vornehmlich nur die Streuung über insgesamt 353 Projekte am Ende davor bewahren wird, bei Auxmoney eine negative Rendite einzufahren. Hierbei handelt es sich aber um eine langjährige Nachkrisenerfahrung.

Schaut man allerdings nach China, so sieht man, dass P2P-Kredite auch in einem Fiasko enden können. China erlebte seit 2010 einen wahren Boom innerhalb der P2P-Branche: Existierten im Jahr 2010 gerade einmal zehn P2P-Plattformen, waren es Ende 2015 bereits über 3.400 Stück[76].

---

[75] https://www.telegraph.co.uk/finance/markets/questor/11759729/How-safe-is-peer-to-peer-lending.html (Abrufdatum: 02.03.2019)

[76] https://www.nzz.ch/wirtschaft/in-china-geht-es-den-zockern-an-den-kragen-ld.1408567 (Abrufdatum: 26.02.2019)

2016 waren es dann schon 5.000 Plattformen[77], die knapp 200 Mrd. USD an ausstehendem Kreditvolumen verwalteten.

Im Sommer 2018 kam es zu einem Crash, bei dem viele Investoren ihr Geld verloren haben. Über 400 P2P-Plattformen/Kreditgeber gingen in sehr kurzer Zeit pleite. Alleine über den Anbieter PPMia haben 4.000 Investoren fast 120 Mio. USD verloren[78].

Wie Du siehst, ist man in den USA relativ gut durch die Bankenkrise gekommen; auf der anderen Seite haben in China tausende Investoren mehrere hundert Millionen US-Dollar verloren.

---

[77] https://www.bloomberg.com/opinion/articles/2018-11-30/china-s-p2p-purge-underscores-shadow-banking-challenge (Abrufdatum: 26.02.2019)

[78] https://www.bloomberg.com/news/articles/2018-10-02/peer-to-peer-lending-crash-in-china-leads-to-suicide-and-protest (Abrufdatum: 26.02.2019)

Anregung zur Streuung von P2P-Investments

Zusammenfassend möchten wir dir noch ein paar konkrete Erfahrungswerte und Tipps mit auf den Weg geben:

- Investiere nur **maximal 5% bis 15% deines Gesamtvermögens** in die Anlageklasse P2P-Kredite, abhängig von deiner persönlichen Risikobereitschaft. Bevor du investierst: Stelle dir vor, das investierte Geld wäre komplett verloren. Wie schlimm wäre das für dich? Entscheide danach, ob du 5% oder 15% investierst. Fang lieber kleiner an und sammle eigene Erfahrungen.

- Verteile deine Investments **auf verschiedene Plattformen**, die sich möglichst stark in den Kreditmodellen und in den Kreditursprungsländern unterscheiden. Je höher das investierte Volumen, umso mehr Plattformen solltest du in deinen Bestand aufnehmen, um möglichst breit zu diversifizieren.

- Pro Plattform sollten ab einem nennenswerten Volumen **nicht mehr als 5% bis 15% deines P2P-Vermögens** investiert werden, um das Plattformrisiko zu minimieren. Bei ausgewählten P2P-Plattformen, bei denen ein persönliches Vertrauen da ist, kann vereinzelt auch mehr investiert werden.

- Investiere **nicht mehr als 0,5%** deines Gesamtvermögens in ein einzelnes Projekt. Wenn es keine konkreten Gegenargumente gibt: Investiere möglichst immer nur das Mindestvolumen in einen Kredit (Kreditnehmerrisiko).

- Verlasse dich nicht blind auf die Rückkaufgarantie!

Wir wissen, dass sich gerade Anfänger immer wünschen, eine genaue Anleitung zu bekommen à la „Investiere bei Plattform X die Summe Y in Kredite von Kreditgeber Z".

Eine solche Empfehlung wäre sehr unseriös, da die individuelle Situation eines jeden Anlegers bei der P2P-Anlagestrategie extrem wichtig ist. Zudem hat jeder Investor eine ganz individuelle Risikotragfähigkeit.

Bei einer Geldanlage solltest du niemals blind nach einem Schema X investieren. Es gibt so viele Fragen und Faktoren, die du nur selbst beantworten kannst. Daher kannst und sollst du für dich entscheiden wo, wie und wieviel du investieren möchtest.

Welche Anlagestrategien gibt es?

Wer sich zum ersten Mal auf einer P2P-Plattform anmeldet und auf den Erstmarkt klickt, sieht den Wald vor lauter Bäumen nicht.

Investierst du besser in Kredite mit kurzer Laufzeit oder lieber in Kredite, die dein Geld länger binden? Muss wirklich jeder Kredit mit einer Rückkaufgarantie versehen sein? Solltest du auch in Geschäftskredite mit nur 8% Zinsen investieren oder lässt du sie besser links liegen? Welche Kreditgeber nimmst du am besten für Verbraucherkredite und in welchen Ländern kannst du am besten investieren?

Du wirst die Antwort erahnen: Es gibt auch für diese Fragen kein allgemeingültiges „richtig oder falsch". Wie so oft liegt es an deinen persönlichen Zielen und Wünschen, wohin die Reise mit P2P-Krediten für dich gehen soll.

Um dir hier ein paar mögliche Richtwerte an die Hand zu geben, haben wir für dich vier beispielhafte Investoren entwickelt, die ganz unterschiedliche Gründe und Ziele haben und daher auch verschiedene Anlagestrategien im P2P-Umfeld fahren.

Mit unseren vier Investoren möchten wir dich nun bekanntmachen:

1. Benjamin möchte mit einem geringen Startgeld von ein paar hundert Euro anfangen und erste eigene Erfahrungen sammeln.

2. Stena ist schon etwas weiter als Benjamin. Sie hat bereits 500 Euro investiert und möchte nun auf 2.000 Euro aufstocken.
3. Hanna möchte mit 5.000 Euro beginnen und auch monatlich mindestens 100 Euro via Sparplan einzahlen.
4. Noah möchte 50.000 Euro investieren. Für ihn zählt maximale Diversifikation und er scheut es auch nicht, etwas mehr Zeit in sein Investment zu stecken.

Benjamin

Benjamin ist Anfang 20. Er hat ein paar hundert Euro gespart und beginnt gerade damit, sich aktiv mit seinem Vermögensaufbau zu beschäftigen. Über Podcasts ist er zu dem Thema „Finanzielle Freiheit" gekommen und hat hier auch von P2P-Krediten gehört. Er hat sich schon mit der Börse auseinandergesetzt und in seinem Depot liegt bereits ein breit diversifizierter World-ETF. Benjamin findet es aber langweilig, ausschließlich einen ETF-Sparplan laufen zu lassen. Die Kursentwicklung tritt auf der Stelle und es passiert ihm einfach zu wenig.

An den P2P-Krediten reizt ihn das geringe Mindestinvestment von meist nur 10 Euro und dass es schnell erste Rückzahlungen und damit Erfolge gibt. Er erhofft sich dadurch zusätzliche Motivation, sich mit dem Thema Geldanlage weiter und tiefer zu beschäftigen.

Benjamin hat folgende Parameter:

- Startet mit 300 Euro einen ersten Testlauf
- Setzt nur auf Kredite mit kurzer Laufzeit (Payday Loans)
- Konzentriert sich auf eine P2P-Plattform
- Vertraut auf die Rückkaufgarantie

Benjamins Investment

In den Podcasts und auch bei vielen Bloggern hat Benjamin von Mintos gehört. Mintos sei die größte P2P-Plattform in Osteuropa und deutschsprachig verfügbar, habe einen guten Support und biete ein großes und breites Angebot bei Krediten mit kurzer Laufzeit.

Als Benjamin der Geldeingang auf Mintos bestätigt wird, klickt er sich ganz gespannt durch den Erstmarkt. Er stellt die Währung auf Euro ein, da er nur in Euro investieren möchte. Zudem aktiviert er die Rückkaufgarantie und stellt den Schieberegler der Laufzeit auf nur einen Monat.

Knapp 4.000 Kredite bleiben übrig. Damit hat Benjamin nicht gerechnet. Er öffnet einzelne Kredite und stellt schnell fest, dass er nicht viele Informationen über den Kreditnehmer bekommt. Name, Alter und Land – mehr gibt es meistens gar nicht zu sehen.
Aus Interesse beginnt Benjamin, hier und da manuell 10 Euro in Kredite zu investieren. Aber schnell verliert er die Lust dazu. Er klickt auf den Menüpunkt „Auto Invest" und legt ein neues Auto-Invest-Portfolio an. Ihm werden nun drei fertige „Strategie-Pakete" angeboten. Von Sebastian

und Vincent weiß Benjamin aber, dass er sich lieber für eine „Benutzerdefinierte Strategie“ entscheiden soll.

Die vielen Einstellungen im Autoinvestor erschrecken ihn im ersten Moment. Schnell stellt er aber fest, dass der Autoinvestor in zwei Teile aufgeteilt ist: Im großen oberen Teil geht es um die Auswahl und die Einstellungen der einzelnen Kreditgeber. Im unteren Teil kann er allgemeine Gesichtspunkte wie Laufzeit, Zinssatz sowie das automatische Reinvestieren einstellen.

Für Benjamin geht es zunächst um einen Erfahrungsaufbau. Er lässt einfach alle Kreditgeber markiert. Was er aber macht: Er entfernt oben unter „Rückkaufgarantie“ den Haken bei „Nein“, schließlich möchte er nur in Kredite mit der Rückkaufgarantie investieren.

Bei der Laufzeit schiebt er den Regler auf einen Monat und bei den Zinsen möchte er mindestens 11% erreichen. Er entscheidet sich außerdem dafür, dass er nicht automatisch neu investieren möchte. Erstmal schauen, wie es so läuft.

Zum Schluss aktiviert er noch die automatische Diversifikationseinstellung und belässt es bei den Standardeinstellungen. Damit das funktioniert, muss er noch „die Größe seines Portfolios“ angeben. Benjamin trägt hier die 300 Euro ein, die er als ersten Versuch insgesamt investieren möchte – so deckelt er das Gesamtinvestment, falls weitere Überweisungen von ihm diesen Betrag eventuell übersteigen. Zudem werden auch nur die geforderten 10 Euro pro Kredit investiert.

Er speichert und aktiviert seinen Autoinvestor und ist erstaunt, wie schnell sein restliches Kapital investiert wurde.

Wie sind seine ersten Monate gelaufen?

Benjamin ist absolut begeistert. Die ersten paar Euro an Zinsen hat er bereits verdient. Alle paar Tage schaut er auf sein Dashboard und freut sich über jeden Cent, den er an Zinsen bekommt.

Etwas überrascht hat Benjamin, dass er nach einem Monat seine 300 Euro nicht wieder komplett auf dem Dashboard zur Verfügung hatte. Er hatte nicht auf dem Schirm, dass Kredite auch in die Verspätung gehen können. Gespannt und ein wenig mulmig hat er daher seine ersten verspäteten Kredite verfolgt. Ein kleiner Teil davon wurde noch nachträglich vom Kreditnehmer zurückgezahlt. Aber letzten Endes musste er bis zum Ende der 60 Tage warten, bis die Rückkaufgarantie gegriffen hat.

Benjamins weiteres Vorgehen

Mittlerweile hat Benjamin seinen Autoinvestor schon mehrfach aufgerufen und optimiert. Seine Portfoliogröße hat er nach oben gesetzt und aktuell spielt er mit den Zinseinstellungen. Um nicht nur in Kredite mit kurzer Laufzeit zu investieren, überlegt er, ob er nicht auch längerfristig investieren soll. Bei sechs oder zwölf Monaten Laufzeit würde er auch in Verbraucherkredite (Ratenkredite), Unternehmenskredite, Autokredite und Rechnungsfinanzierung investieren können. Damit würde er auf Mintos deutlich breiter diversifizieren – auch sein Wunsch nach Liquidität tritt langsam in den Hintergrund.

Benjamin hat weiterhin viel in Blogs und Facebook-Gruppen mitgelesen und weiß, dass zahlreiche P2P-Investoren nur eine Beimischung von 5% bis 15% des Gesamtvermögens empfehlen. Aktuell ist er weit über diesem Wert – es wird dringend ein Rebalancing nötig, um das Risiko innerhalb seines Gesamtvermögens zu senken. Er hat daher beschlossen, verstärkt zu sparen, um auch sein ETF-Depot weiter aufzubauen. Mit dieser Erfahrung hat Benjamin erst recht Blut geleckt und festgestellt, dass Vermögensaufbau durchaus Spaß machen kann. Mintos soll nicht die einzige P2P-Plattform in seinem Portfolio bleiben.

Stina

Stina ist Ende 20, hat einen guten Job, lebt sparsam bis frugal und hat sich schon eine recht klare Finanzstrategie zurechtgelegt.

Die in der Literatur empfohlenen drei Netto-Monatsgehälter hatten Prio 1 und liegen nun bereits auf einem Tagesgeldkonto. Das Geld ist nicht zum Investieren, sondern zur reinen Absicherung.

Stina hat auch erste Börsenerfahrungen gesammelt und bespart einen ETF. Sie hat sich zudem eine Wunschliste mit Einzelaktien aufgestellt, die sie nun Stück für Stück kaufen möchte. Da Stinas Fokus auf der Börse liegt, spielt P2P nur eine ergänzende Rolle, die ebenfalls langfristig angelegt sein soll. Und weil die Einzelaktien aktiv gepflegt werden möchten, will sie P2P parallel „laufen lassen", ohne allzu stark eingreifen zu müssen.

Stina hat vor einem halben Jahr als ersten Test 500 Euro bei Bondora investiert. Hier nutzt sie das Angebot „Go & Grow" und setzt somit bei ihrer ersten Berührung mit P2P auf maximale Flexibilität.

Da ihr das Investment in P2P-Kredite gut gefällt, möchte sie auf 2.000 Euro aufstocken und sucht dafür eine weitere P2P-Plattform.

Stina hat folgende Parameter:

- Will von 500 Euro auf 2.000 Euro aufstocken
- Sucht eine weitere P2P-Plattform
- Will weiterhin passiv / voll automatisiert investieren
- Denkt und investiert etwas längerfristig

Stinas Investment

Stina weiß, dass die Go & Grow-Zinsen mit maximal 6,75% nicht die besten im P2P-Umfeld sind. Ihr ist klar, dass bei P2P-Krediten deutlich mehr zu holen ist. Stina weiß aber die Einfachheit dieses Angebots zu schätzen: Sie muss sich um keine Einstellungen kümmern und trotzdem wird ihr Geld bei Go & Grow von Bondora zuverlässig diversifiziert.

Außerdem weiß Stina, dass sie jederzeit ihr Geld sofort und per Mausklick abheben kann. Sie muss nicht erst abwarten, bis ihre Kredite zurückgezahlt sind und sie braucht auch nicht auf Käufer über den Zweitmarkt zu hoffen, wenn sie einmal kurzfristig auf ihr Geld zugreifen möchte. Sie hebt einfach ihr Geld ab, wenn ihr danach ist. Dass das Abheben 1 Euro Gebühr kostet, stört sie dabei weniger – schließlich fasst sie das Geld mittelfristig sowieso nicht an und solange darf es sich fleißig verzinsen.

Mit den weiteren 1.500 Euro möchte Stina unbedingt 500 Euro zusätzlich in Go & Grow investieren und so für eventuelle Börsenchancen liquide bleiben. Mit den anderen 1.000 Euro will sie ihre P2P-Kredite-Erfahrung mit einer weiteren P2P-Plattform ausbauen.

Stina möchte auf jeden Fall auf eine P2P-Plattform mit einem größeren Angebot setzen. Die P2P-Plattform Viventor kommt nicht in Frage, da die Plattform nicht deutschsprachig ist. Über PeerBerry hat sie zwar auch schon viel Positives gelesen, aber Mintos ist aktuell der Platzhirsch und das signalisiert ihr ein wenig mehr Sicherheit. Irgendwie investieren hier alle, daher ist die Neugier entsprechend groß.

Manuelles Investieren kommt für Stina gar nicht erst in Frage. Dafür schätzt sie die Einfachheit von Go & Grow zu sehr. Sie ist froh, dass ihr Investment einfach läuft und sie sich nicht ständig um etwas kümmern muss.

Beim Autoinvestor von Mintos wird Stina von den drei fertigen Paketen „Kurzfrist-Strategie (Short-term strategy)“, „Diversifizierungs-Strategie (Diversification strategy)“ und „Besicherungs-Strategie (Secured loan strategy)“ begrüßt.

Die Kurzfrist-Strategie sagt ihr nicht zu. Sie möchte ruhig länger als 3 Monate investieren. Die Besicherungs-Strategie ist ihr aber mit Laufzeiten von knapp 40 Monaten dann doch zu lang. Das Paket „Diversifizierungs-Strategie“ spricht sie sofort an: Ein jährlicher Bruttozinssatz von bis zu 12,5% mit einer Laufzeit von ca. 25 Monaten (also etwas über 2 Jahre) – das würde Stina eigentlich ganz gut gefallen.

Sie schaut sich aber zuerst den Auto Investor in Ruhe an. Stina ist begeistert: Sie kann direkt über das Mintos Rating gehen und nur Kreditgeber auswählen, die mit einem A- oder einem B-Rating versehen sind. Alle Kreditgeber mit C und D schließt sie direkt aus. Zudem will Stina nur Kredite mit einer Rückkaufgarantie haben.

Über 40 Kreditgeber bleiben übrig. Stina entfernt das „B-“ Rating, was die Kreditgeberanzahl auf knapp 30 reduziert. Ihr ist bewusst, dass das Rating kein Allheilsbringer ist, aber ihr gibt die Konzentration auf gut bewertete Kreditgeber wieder ein Mehr an Sicherheit.

Bei Bondora erhält Stina maximal 6,75% Zinsen. Auf Mintos möchte sie etwas mehr erreichen und beschließt, mit mindestens 10% Zinsen anzufangen. Die Kreditlaufzeit beschränkt sie fürs Erste auf 24 Monate.

Stina möchte automatisch reinvestieren und möglichst wenig nachsteuern müssen. Als Portfoliogröße gibt sie etwas mehr als 1.100 Euro ein, damit der Autoinvestor erstmal stetig weiter investiert und nicht gleich wieder aufhört. Schließlich aktiviert sie noch die automatische

Diversifikation. Auch Stina bleibt bei 10 Euro Mindestinvestment pro Kredit.

Wie sind ihre ersten Monate gelaufen?

Stina ist zufrieden. Bisher musste sie den Autoinvestor nicht neu einstellen. Ihr Kapital ist stets vollständig investiert und die Rendite, die im Mintos Dashboard angezeigt wird, ist schon deutlich höher als ihre Go & Grow-Rendite.

Auch das Reinvestieren funktioniert reibungslos. Dass sie im Bedarfsfall nicht ganz so schnell auf ihr Geld zugreifen kann, damit hat sich Stina mittlerweile angefreundet. Sie hat zudem einfach mal testweise einen Kredit auf dem Zweitmarkt ohne Auf- bzw. Abschlag zum Verkauf angeboten. Schon beim nächsten Login war der Kredit verkauft.

Stinas weiteres Vorgehen

Aktuell gibt es für Stina keinen Bedarf, irgendetwas zu verändern. Stina ist im Nachhinein froh, dass sie den Autoinvestor selbst konfiguriert hat und keines der fertigen Pakete genommen hat. Es beruhigt sie, dass sie das Mintos-Rating in ihre Kreditgeber-Auswahl einfließen lassen konnte.

Da nun ihre Mintos-Rendite deutlich höher liegt als bei Bondora, überlegt sie, ob sie nicht doch noch etwas Geld von Bondora zu Mintos schiebt.

Hanna

Hanna hat viel über P2P-Kredite gelesen, gehört und auf YouTube einige Videos zu diesem Thema angesehen. Sie ist verheiratet, hat zwei Kinder und kümmert sich bereits seit vielen Jahren um die Finanzen und den Vermögensaufbau ihrer Familie. Neben einer vermieteten Eigentumswohnung blicken Hanna und ihr Mann bereits auf ein stattliches Aktiendepot.

Die diesjährige Bonuszahlung soll dieses Mal komplett in P2P-Kredite investiert werden. Zudem will Hanna einen monatlichen Sparplan einrichten, so wie sie es bereits bei ihren ETFs praktiziert.

Hannas Parameter sehen aus wie folgt:

- Möchte 5.000 Euro investieren
- Sucht einen guten Mix der Kreditarten und möchte daher auch auf einer Immobilienplattform investieren
- Will nicht zu viele P2P-Plattformen im Portfolio haben und nicht ständig ihre Investments überprüfen müssen
- Möchte monatlich 100 Euro zuschießen

Hannas Investment

Bevor Hanna anfängt, macht sie zuerst einen Plan, wie sie die 5.000 Euro investieren möchte. Sie beschließt, 25% in Immobilienprojekte zu investieren. Weitere 25% sollen nicht in Kredite für Privatpersonen investiert werden, sondern einen geschäftlichen Charakter haben. Hier kommen für Hanna also Geschäftskredite und Rechnungsfinanzierungen in Frage. Die anderen 50% möchte Hanna in Verbraucherkredite investieren, doch auch hier legt sie Wert darauf, dass davon nur die Hälfte in Kredite mit kurzer Laufzeit investiert werden. Die andere Hälfte soll in Ratenkredite, Pfandkredite und Autokredite investiert werden.

Rund um die Immobilienkredite entscheidet sich Hanna für EstateGuru und überweist 1.250 Euro. Die nächsten 1.250 Euro für Geschäftskredite und Rechnungsfinanzierung fließen zu Lenndy. Für die 1.250 Euro, die Hanna in Kredite mit kurzer Laufzeit investieren möchte, hat sie sich für PeerBerry entscheiden. Die restlichen 1.250 Euro gehen zu Mintos.

Hanna hat bei EstateGuru Glück, sie kann direkt in ihr erstes Projekt investieren: ein Neubau, 12 Monate Laufzeit, 11% Zinsen und ein LTV von 55%. Hanna investiert manuell die geforderten 50 Euro. Der Autoinvestor kommt für Hanna nicht in Frage; die Optionen „Stufenkredite", „Sicherheit" und „Zins" sind nur auswählbar, wenn mindestens 250 Euro pro Kredit investiert wird. Das ist Hanna aber deutlich zu viel.

Nach dem ersten erfolgreichen Investment geht es nun bei Lenndy weiter. Der Autoinvestor für Geschäftskredite und Rechnungsfinanzierung ist schnell eingestellt. Hanna möchte für die beiden Kreditarten mindestens einen Zins von 12% haben. Zudem will Hanna zwischen 10 und 15

Euro pro Kredit investieren. Die Laufzeit beschränkt sie auf 24 Monate. Sie hat Lenndy schon eine Zeitlang beobachtet und weiß, dass die Rechnungsfinanzierungen nur ein paar Monate laufen und die meisten Geschäftskredite bei 12 Monaten oder weniger Laufzeit liegen. Zu guter Letzt aktiviert Hanna das automatische Reinvestieren.

Mit PeerBerry kommt Hanna schnell zurecht. Sie will mindestens 11% Zinsen. Auf dem Erstmarkt hat sie bereits Auto- und Immobilienkredite gesehen, die über 1.000 Tage Laufzeit haben, also beinahe drei Jahre. Das ist Hanna fürs Erste zu lange. Sie beschränkt die Laufzeit auf 180 Tage, schließlich will sie aktuell ausschließlich die Kredite mit kurzer Laufzeit haben. Sie deaktiviert die Kreditgeber Lithome LLC, die nur Immobilienkredite vergeben, und die beiden Autokreditgeber Auto Money und Automoney.kz. Bei der Länderauswahl lässt sie einfach alle markiert. Zudem aktiviert sie auch hier die Rückkaufgarantie und das automatische Reinvestieren.

Bei Mintos entscheidet sich Hanna für die benutzerdefinierte Einstellung des Autoinvestors. Über das Mintos-Rating nimmt sie keine Selektion vor; sie will möglichst breit streuen. Von der Börse kennt sie genug Experten, die mit ihren Analysen regelmäßig danebenliegen. Wer kann schon garantieren, dass das beim Mintos Rating nicht passiert?

Was Hanna dem Autoinvestor vorgibt, ist die Rückkaufgarantie. Bei den Kreditarten (Darlehenstyp) markiert sie nur die Verbraucherkredite, Pfandkredite und die Autokredite. Die Autokredite nimmt sie mit auf, da sie von Mogo viel Positives gehört hat und sie damit breiter in die Kreditarten investiert.

Analog zu PeerBerry wird der Zinssatz auf mindestens 11% eingestellt. Ansonsten belässt Hanna die Einstellungen wie vorgegeben.

Wie sind ihre ersten Monate gelaufen?

Hanna hat sich EstateGuru irgendwie anders vorgestellt. Es gibt zwar immer wieder Projekte, aber oft hat Hanna diese einfach verpasst. Sie wird zwar über jedes neue Projekt per Mail informiert. Aber Hanna schafft es oft erst in den Abendstunden, die Mails zu checken. Meistens sind die Projekte dann schon alle voll investiert. Gut die Hälfte der 1.250 Euro liegen ungenutzt in ihrem Dashboard.

Auch bei Lenndy dauerte es etwas länger, da Hanna bei den 10 Euro Mindestinvestment auf 125 Kredite warten musste. Mehr als 10 Euro in einen Kredit zu investieren kommt für Hanna nicht infrage, um ihre Diversifikation nicht zu gefährden.

Da sie etwas ungeduldig wurde, hat sie auch auf Lenndy in Immobilienprojekte investiert, da diese Kredite eine Laufzeit von teilweise sogar unter 12 Monaten und einen attraktiven Zinssatz von 12% bieten.

Die Investments bei Mintos und Lenndy laufen problemlos. Das Geld ist investiert und arbeitet für Hanna. Hier sind auch ihre 100 Euro monatlich gelandet. Sie hat dazu einfach zwei Daueraufträge eingerichtet. Monatlich gehen auf diese Weise, ganz automatisch, 50 Euro zu PeerBerry und 50 Euro zu Mintos. Das Geld wird hier vom Autoinvestor direkt investiert.

Hannas weiteres Vorgehen

Die Situation mit EstateGuru ärgert Hanna etwas. So viel Geld auf einen Schlag auf die Plattform zu schieben hat sich für sie nicht gelohnt. Sie überlegt, wieder Geld abzubuchen, um es dann wieder nach Bedarf zurück zu überweisen, lässt aber nun das Geld bei EstateGuru liegen und versucht, verstärkt auf die E-Mail-Benachrichtigen über neue Projekte zu reagieren. Sie hat auch ihren Mann eingebunden, auf die E-Mails zu achten, um keine Projekte mehr zu verpassen.

Sie will der ganzen Sache noch ein paar Wochen Zeit geben, ansonsten wird sie das Geld auf Mintos schieben und hier einfach breiter investieren.

Ihre restliche Aufteilung gefällt ihr. Auch ihr selbstgeschaffener Sparplan, also der Dauerauftrag über 100 Euro, funktioniert reibungslos. Mit den vier P2P-Plattformen fühlt sich Hanna gut aufgestellt, mehr sollen es erstmal nicht werden.

Noah

Noah ist im mittleren Alter und strebt seit seinen Zwanzigern passives Einkommen an. Dafür liebt er sein Dividendendepot und seine Handvoll

Eigentumswohnungen. Noah gehört zu den mutigen Investoren und hat bereits am Neuen Markt, mit Schiffsfonds und zuletzt mit Kryptowährungen gutes Geld verloren.

Die Rückschläge haben Noah aber nicht zum Aufhören bewegt, sondern ihn stetig weiter motiviert. An anderen Stellen, bei denen der Großteil der Investoren sich nicht getraut haben, hat er schließlich hervorragende Gewinne erzielt. Von P2P-Kredite hat er schon viel gehört. Er selbst ist bereits im Crowdfunding aktiv unterwegs und investiert den einen oder anderen Euro in Projekte im Bereich E-Mobilität, Smart-Home und Umwelthilfe. Bisher halten sich seine Erfolge beim Crowdfunding aber sehr in Grenzen, daher möchte er nun eine andere Art des Crowd-Investierens ausprobieren.

Noahs Parameter sehen wie folgt aus:

- Möchte 50.000 Euro investieren
- Strebt maximale Diversifikation an
- Will mindestens 10 verschiedene Plattformen haben
- Bringt Zeit, Lust und Motivation mit – auch für ein regelmäßiges Rebalancing

Noahs Investment

Auch wenn 50.000 Euro bereits ein stattliches Vermögen sind, ist es für Noah nur ein Teil seines Kapitals. Relativ schnell war für ihn klar, dass er auf jeden Fall einen großen Teil in Bondora Go & Grow und auf Mintos investieren möchte. Zudem möchte er unbedingt bei Swaper den VIP-

Investor Status erreichen und so 14% Zinsen auf die Kredite erhalten.

Abgesehen von diesen drei P2P-Plattformen hat er sich für PeerBerry, EstateGuru, Bulkestate, Robocash, Viainvest, Twino und Lenndy entschieden.

Jeweils 10.000 Euro investiert Noah auf Bondora und auf Mintos. Bei Bondora nutzt Noah das Angebot Go & Grow. Noah verfolgt im Internet auf den Blogs und in Diskussionsforen ausführlich die Meinungsverschiedenheiten über Go & Grow. Im Vergleich zu den Zinsen auf dem Tagesgeldkonto sind die Zinsen super. Trotzdem wird in P2P-Kredite investiert. Es gibt bei Go & Grow kein geringeres Risiko. Den Vorteil des sofortigen Aussteigens bezahlt man mit einer deutlichen Renditeminderung. Noah ist hier hin- und hergerissen und beschließt, sich einfach sein eigenes Bild zu machen.

Bei Mintos wird der Autoinvestor auf einen Mindestzins von 10% gestellt, um möglichst breit zu investieren und möglichst wenig Kreditangebote auszuschließen. Noah behält alle Kreditgeber bei und aktiviert lediglich die Rückkaufgarantie.

Er erlaubt dem Autoinvestor aber, bis zu 50 Euro pro Kredit zu investieren. So hat er am Ende immer noch mindestens 200 Kredite im Portfolio.

Die Schieberegler der Laufzeit lässt er auf der vollen Bandbreite stehen und macht hier keine Einschränkung. Bei Mintos setzt er natürlich auch auf die automatische

Diversifikation, deshalb hat er auch möglichst wenige Einstellungen vorgenommen.

Je 5.000 Euro gehen zu Swaper und zu Robocash: Beide Plattformen bieten ausschließlich Kredite mit Rückkaufgarantie und 12% Zinsen. Bei Swaper erhält Noah nach 3 Monaten sogar 14% Zinsen, da dann der VIP-Status greift. Um den VIP-Status zu erhalten, muss er nicht voll investiert sein; es zählt das Guthaben auf dem Dashboard.

Die Autoinvestoren werden bei beiden Plattformen so breit wie möglich eingestellt: Noah schließt keine Kreditgeber oder Länder aus. Da er der Rückkaufgarantie Vertrauen schenkt, setzt er auch hier das Mindestinvestment pro Kredit auf 50 Euro. Er weiß, dass das Kreditangebot bei beiden Plattformen begrenzt ist. Daher möchte er, wenn er einen Kredit abbekommt, möglichst viel investieren. Geld uninvestiert herumliegen zu haben, ist ihm ein Graus.

Auch bei PeerBerry ist Noah schnell fertig: 5.000 Euro werden über alle Kreditgeber mit wenigstens 10% Zinsen investiert. Ebenso setzt er den Mindestinvestmentbetrag auf 50 Euro, da er hier seine Auswahl auf Kredite mit der Rückkaufgarantie einschränkt.

Bei Lenndy sollen ebenfalls 5.000 Euro investiert werden. Noah überweist aber zunächst nur 1.000 Euro, denn bei Lenndy ist das Kreditangebot überschaubar. Es kommen zwar fast täglich neue Kredite hinzu, aber es ist nicht die gleiche Masse, die man von anderen P2P-Plattformen kennt. Lieber soll das Geld auf seinem Bankkonto liegen und flexibel verteilt werden können, als uninvestiert auf einer P2P-Plattform übersehen zu werden.

Noah möchte bei Lenndy die Verbraucherkredite ausschließen, denn davon hat er mittlerweile genug im Portfolio. Das restliche Angebot von Lenndy wird aber voll ausgenutzt. Einschränkungen bei der Laufzeit nimmt Noah auch hier nicht vor, um möglichst breit zu diversifizieren. Bei Lenndy achtet Noah noch einmal explizit darauf, dass er nicht mehr als die nötigen 10 Euro pro Kredit investiert. Hier haben nicht alle Kredite eine Rückkaufgarantie, was für Noah voll in Ordnung geht. Die dingliche Absicherung stört ihn nicht, ganz im Gegenteil: lieber handfeste Werte haben, als ein im Zweifelsfall nur leeres Versprechen vom Kreditgeber. Dafür möchte er hier aber möglichst breit streuen. Sollte ein Kredit wirklich ausfallen, soll der Verlust minimal bleiben.

Für EstateGuru hat Noah ebenfalls 5.000 Euro vorgesehen. Er beobachtet die Plattform aber schon länger und weiß, dass die Projekte nicht vom Himmel fallen. Deshalb will er unbedingt den Autoinvestor mit allen Einstellungen nutzen können und entscheidet sich dazu, pro Projekt 250 Euro zu investieren. Auch hier überweist Noah nicht gleich die volle Summe. 2.000 Euro reichen ihm zum Start, die der Autoinvestor erstmal investieren soll. Die Laufzeit wird auf 24 Monate begrenzt, denn Kredite mit 60 Monaten hat er noch nicht auf EstateGuru gesehen. Den LTV begrenzt er auf 70% und Stufenkredite schließt er aus.

Die 5.000 Euro werden zunächst für 20 Kredite reichen. Noah weiß, dass 20 Kredite nicht optimal diversifiziert sind, aber er weiß auch, dass es dauern wird, bis er überhaupt 20 Kredite zusammen hat. Weiteres Kapital nachzuschieben ist jederzeit möglich, daher ist für ihn im ersten Schritt eine Diversifikation über 20 Kredite in Ordnung.

Auf Viainvest und Twino verteilt er jeweils 2.000 Euro. Bei Twino hat er gehört, dass die Kreditverfügbarkeit nicht die Beste ist. Auf Viainvest will er nur in Länder investieren, bei denen keine Ansässigkeitsbescheinigung notwendig ist. Für den Anfang ist er daher mit einer schmaleren Summe zufrieden.

Die letzten 1.000 Euro hält er für Bulkestate bereit. Bulkestate funktioniert wie EstateGuru, ist aber noch deutlich kleiner und hat aktuell noch längere Pausen zwischen neuen Projekten. Hier überweist er zunächst nur 250 Euro, denn die Projekte kommen wirklich sehr selten. Die 250 Euro reichen dem Autoinvestor zudem für 5 Kredite, die erstmal investierbar sein müssen.

Wie sind seine ersten Monate gelaufen?

Noah war bereits gut informiert, daher gab es wenig Überraschungen. Wie zu erwarten brauchte er einen langen Atem bei Swaper, bis wirklich das komplette Geld investiert war. Auch bei Lenndy war Geduld angesagt – und ist es noch. 500 Kredite sind hier noch nicht zustande gekommen.

Bei Twino war Noah überraschend schnell komplett investiert, was aber daran lag, dass er vergessen hatte, sich das Zinsgefüge näher anzuschauen. Leider wurde ein

Großteil in Kredite mit nur 9% Zinsen investiert. 10% Zinsen will er aber eigentlich bei jedem P2P-Ivestment mindestens haben, weil darunter das Chance-Risiko-Verhältnis für ihn nicht mehr stimmt.

Auch keine Überraschung war EstateGuru. Hier fehlen noch Projekte, bis er sein Geld voll investiert hat. Der Autoinvestor arbeitet gut, ohne ihn hätte Noah nicht einmal halb so viele Projekte abbekommen. Bulkestate lässt hingegen auf sich warten. Gerade einmal 5 Projekte wurden angeboten. Bis er hier breit diversifiziert ist, wird noch etwas Zeit vergehen.

Ansonsten verliefen seine Investments bisher reibungslos und dass er hier und da nicht gleich die vollen Summen überwiesen hat, fand er auch im Nachhinein absolut richtig. 90% all seiner Überweisungen wurden sehr zeitnah am nächsten Tag bereits gutgeschrieben. So hatte er nie einen Engpass.

Noahs weiteres Vorgehen

Noah wird das freie Geld, das für Bulkestate gedacht war, zunächst erstmal auf EstateGuru investieren. Hier gibt es einfach mehr Projekte, auch wenn es 1% bis 2% weniger Zinsen zu holen gibt.

Lenndy wird weiterhin genau beobachtet; vielleicht schichtet Noah etwas Kapital zu Mintos um und investiert hier in Geschäftskredite und Rechnungsfinanzierung.

Bei Viainvest und Twino will Noah abwarten, wie gut sich die Rückflüsse reinvestieren lassen. Er merkt, dass 10 Plattformen doch etwas Arbeit machen. Schließlich soll das

Geld ja investiert sein und nicht untätig herumliegen – und es kostet Zeit, die Dashbords zu kontrollieren, den XIRR mit den Plattform-Angaben abzugleichen und die Diversifkation über Kreditarten, Länder und Laufzeiten zu prüfen.

Bei Swaper, Robocash und PeerBerry gibt es keine Änderungspläne. Der chronische Kreditmangel auf Swaper nervt ihn natürlich ein bisschen, aber für 14% Zinsen nimmt er etwas Wartezeit in Kauf.

Mit Mintos und Bondora ist Noah sehr zufrieden. Für ihn ist nun klar, warum diese beiden P2P-Plattformen zu den größten Anbietern gehören – alles geht glatt und er kann leicht nachhalten, wie sich seine Investitionen entwickeln. Eine baldige Aufstockung ist hier bereits in Planung.

Das Thema Steuern

Wichtiger Hinweis:

Dieses Kapitel darf nicht als Beratung verstanden werden. Wir geben dir hier lediglich einen Einblick, wie wir als Privatinvestoren unsere persönlichen Zinseinkünfte versteuern.

Bei Fragen zum Thema Steuern solltest du dir immer die Hilfe eines Steuerberaters holen.

Verlasse dich auf keinen Fall auf Angaben jedweder Art, die wir in diesem Kapitel schildern.

Wo Geld fließt, sind Steuern meist nicht weit und der Staat fordert seinen Anteil.

Zinsen aus P2P-Krediten sind Kapitalerträge und Kapitalerträge sind ganz klar steuerpflichtig. So ist es in § 43a Abs. 1 Nr. 1 EStG geregelt.

Oberhalb eines Sparerfreibetrags in Höhe von 801 Euro (Singles) bzw. 1.602 Euro (Verheiratete) erhebt der Fiskus für Kapitalerträge 25% Kapitalertragsteuer zuzüglich Solidaritätszuschlag (5,5% der Kapitalertragsteuer) und ggf. Kirchensteuer (8% oder 9% der Kapitalertragsteuer, abhängig vom Bundesland).

Sollte dein persönlicher Steuersatz niedriger sein, wird dieser mittels Günstigerprüfung relevant.

Wie kommt Vater Staat nun zu seinem Recht? In diesem Fall ist er auf die Hilfe des P2P-Investors angewiesen. Anders als z. B. üblicherweise bei Zinsen auf Tagesgeld oder bei Dividenden wird der Steueranteil nicht direkt einbehalten und abgeführt. Eine Freistellung direkt bei den P2P-Plattformen ist daher nicht möglich und auch nicht nötig.

Bei der Steuererklärung muss jeder selbst aktiv die Einnahmen deklarieren, damit das Finanzamt den Steueranteil ermitteln und einfordern kann.

Das Deklarieren der Einkünfte geschieht über die Steuererklärung in der Anlage KAP, Zeile „Inländische Kapitalerträge" für erhaltene Zinsen von deutschen P2P-Plattformen wie Auxmoney oder Lendico.

Die Erträge der Plattformen, die ihren Sitz nicht in Deutschland haben, sind in die Zeile für „Ausländische Kapitalerträge" einzutragen (die Zeilennummer kann sich von Jahr zu Jahr ändern).

	Kapitalerträge, die nicht dem inländischen Steuerabzug unterlegen haben		
14	Inländische Kapitalerträge (ohne Betrag lt. Zeile 19)	30	
15	Ausländische Kapitalerträge (ohne Betrag lt. Zeile 58)	34	

Abbildung 27: Angabe der Kapitalerträge in der Steuererklärung

Die einzutragenden Beträge ergeben sich aus den Steuerbescheinigungen der Plattformen. Diese werden dir entweder automatisch seitens der Plattform zugemailt oder du kannst die Bescheinigung online in deinem Account der jeweiligen Plattform herunterladen.

Dann muss nach inländischen und ausländischen Plattformen unterschieden und ggf. addiert werden, wenn jeweils bei mehreren Plattformen Zinsen aufgelaufen sind.

Für den Eintrag in der Zeile für inländische Kapitalerträge werden beispielsweise die auf den Zinsbescheinigungen von Auxmoney und Lendico genannten Beträge zusammengerechnet und die Summe in diesem Beispiel in Zeile 14 eingetragen. In Zeile 15 gehört die Summe aller für den jeweiligen Anleger relevanten Beträge der ausländischen P2P-Plattformen wie zum Beispiel Mintos, Twino, Bondora usw.

Sollte der eine oder andere Kreditmarktplatz noch keine Bescheinigung mit den Zinseinkünften auf Jahresbasis bereitstellen, gibt es eine Lösung: Du kannst den relevanten Betrag meist recht einfach über die von den Plattformen angebotenen Kontoauszüge ermitteln.

Abbildung 28: Zinseinkünfte über den Kontoauszug ermitteln (Quelle: mintos.com)

Die Kontoauszüge sehen bei den verschiedenen Anbietern jeweils etwas anders aus, aber das Prinzip ist immer das gleiche. Man setzt den Filter auf das Jahr, für das man die Zinszahlungen ermitteln möchte. In Abbildung 28 haben wir dies für den 01.01.2018 bis zum 31.12.2018 getan. Nun kannst du mit dem Filter „Zahlungsart“ die Zahlungsströme auf „Zinszahlungen“ eingrenzen, die Zinszahlungen aus der Rückkaufgarantie aber bitte nicht vergessen!

Im Kontoauszug siehst du nun nur noch Zinszahlungen, die du erhalten hast. Im obigen Screenshot siehst du die Eingrenzung am Beispiel von Mintos. Das Ergebnis entspricht den Zinseinnahmen auf der Plattform für den angegebenen Zeitraum.

Kann ich Verluste absetzen?

Verluste aus ausgefallenen Kreditprojekten gegenzurechnen und so die Steuerlast zu senken war lange ausgeschlossen.

Seit dem Urteil des Bundesfinanzhofes vom 24. Oktober 2017 (Aktenzeichen VIII R 13/15) sollte man es aber zumindest versuchen. Denn darin heißt es, dass ein solcher Kreditausfall zu einem Verlust führt, wenn davon auszugehen ist, dass keine weiteren Rückzahlungen der Darlehensnehmerseite erfolgen werden.

Diese Verluste seien nun von der Steuer absetzbar. Falls du Verluste gemacht hast, solltest du zumindest versuchen, diese auch in der Steuererklärung geltend zu machen.

Gibt es eine „alternative Besteuerung“ von P2P Krediten?

Im Internet macht eine Beschreibung die Runde, dass es eine alternative Methode der Versteuerung von P2P-Zinsen gebe. Dieser Ansatz[79] hat in der Szene eine gewisse Bekanntheit erreicht und wird seit Erscheinen kontrovers diskutiert. Man ist sich uneinig, was von diesem Ansatz zu halten ist. Schließlich ist die Besteuerung doch eigentlich ganz klar geregelt.

Auch die beiden Autoren dieses Buches haben zu dieser Frage etwas unterschiedliche Meinungen, die wir nachfolgend kurz erläutern.

Wie die alternative Besteuerung funktionieren soll und was Vincent davon hält

Auch ich war zunächst der Meinung, dass man sich nicht frei aussuchen könne, wie man seine Einnahmen versteuern möchte. Aber nach und nach leuchten die Überlegungen ein und ergeben eine schlüssige Begründung der alternativen Methode.

Und die setzt bei der Verfügbarkeit der Zinsen als Geldmittel an. Unstrittig ist, dass Zinszahlungen, die wir auf unser Konto erhalten, unserem direkten

---

[79] https://passives-einkommen-mit-p2p.de/alternative-besteuerung-von-p2p-krediten/ (Abrufdatum: 27.02.2019)

Zugriffsbereich unterliegen und wir darüber frei verfügen können. Bei den meisten ausländischen P2P-Plattformen ist dies aber nicht der Fall, weil die Zinszahlungen nicht dem Girokonto des Anlegers gutgeschrieben werden. Vielmehr landen die Zinsen bei der Plattform und werden lediglich auf einem virtuellen Anlegerkonto des Investors angezeigt, während bis dahin einzig der Anbieter der P2P-Plattform Zugriff auf dieses Geld hat.

Um in den Genuss der Verfügungsgewalt seiner verdienten Zinsen zu kommen, muss der Anleger zwingend aktiv werden und die Auszahlung vom virtuellen Anlegerkonto bei der P2P-Plattform auf sein persönliches Girokonto beantragen. Dabei ist er theoretisch vom Wohlwollen und der Zahlungsfähigkeit der Plattform abhängig, um das Geld tatsächlich auf seinem eigenen Konto zu empfangen.

Der Ansatz der alternativen Besteuerung sagt nun, dass Zinserträge erst ab diesem Moment (wenn das Geld auf dem Konto eintrifft) steuerpflichtig sind, weil erst dann die konkrete Verfügungsgewalt des Anlegers gegeben ist. Dieser Annahme folgend wäre es nun sinnvoll, solange wie möglich auf die Auszahlung zu verzichten, um den Steuerabschlag zu vermeiden. Das wieder in neue Kreditprojekte anzulegende Kapital ist größer, wenn es vorher nicht um die Abgeltungssteuer gekürzt wurde. Dadurch ergäbe sich mit der Zeit ein signifikanter Vorteil im Vermögensaufbau mit P2P-Krediten.

Ich kann der Argumentation folgen und halte sie für schlüssig. Für den einen oder anderen P2P-Investor könnte es eine Überlegung wert sein, diesen Weg zu probieren.

Warum Sebastian mit der alternativen Besteuerung nichts anfangen kann

Eine alternative Besteuerung, bei der man die Versteuerung von Kapitalerträgen hinauszögert, indem man das Geld einfach direkt wieder reinvestiert und nicht auf sein Bankkonto abbucht? Daran glaube ich nicht.

Die Hauptargumentation dieser These beruht darauf, dass du das Geld nicht in deiner direkten Verfügungsmacht hast. Ein steuerlich relevanter Vorgang würde erst entstehen, wenn du dir das Geld auszahlen lassen würdest und darüber die Verfügungsgewalt hättest.

Alleine diese Argumentation widerlegt das Zuflussprinzip[80] im Steuerrecht. Dieses Prinzip besagt:

> *„Einnahmen sind in dem Zeitpunkt zugeflossen, wenn der Steuerpflichtige die Verfügungsmacht erlangt hat. […] Die Verfügungsmacht wird in aller Regel dann erlangt, wenn der Erfolg bereits eingetreten ist (die Zahlung bereits erfolgt ist) oder die Möglichkeit geschaffen wurde, den Leistungserfolg herbeizuführen (z. B. durch Scheck)*[81]. *“*

---

[80] https://www.haufe.de/finance/finance-office-professional/zufluss-abfluss-prinzip_idesk_PI11525_HI351457.html (Abrufdatum: 27.02.2019)

[81] https://www.smartsteuer.de/online/lexikon/z/zufluss-abfluss-prinzip-lexikon-des-steuerrechts/ (Abrufdatum: 27.02.2019)

Für das Finanzamt zählt die alleinige Möglichkeit, den Leistungserfolg herbeizuführen. Ob dies nun ein Scheck ist oder per Mausklick passiert, ist nach meiner Interpretation unerheblich.

Ich als Investor werde zu keinem Zeitpunkt daran gehindert, mir das Geld auszahlen zu lassen. Es obliegt alleine mir, ob ich die Zinseinkünfte erneut investiere oder ob ich sie mir auszahlen lasse.

Ein weiterer Punkt bei der These der alternativen Besteuerung ist das Nettogeldvermögen. Bei der Argumentation wird die Meinung vertreten, dass die Zinszahlungen nicht das Nettogeldvermögen des Investors erhöhen, sondern lediglich Buchgeld darstellen und ein Investor dieses Geld nicht als Zahlungsmittel nutzen könne.

Die Rechtsprechung in diesem Bereich ist ebenfalls geklärt – dank der Schneeballsysteme. Es ist nicht so, dass ich P2P-Kredite für ein Schneeballsystem halte, aber die Art der Zinszahlungen und das schnelle Wiederanlegen bei Schneeballsystemen kann mit dem Investment in P2P-Krediten verglichen werden.

Der Zufluss von Kapitaleinnahmen aus Schneeballsystem wurde durch ein Urteil[82] vom 11.02.2014 vom Bundesfinanzhof entschieden. In diesem Urteil gibt es folgende zwei Leitsätze:

---

[82] http://juris.bundesfinanzhof.de/cgi-bin/rechtsprechung/document.py?Gericht=bfh&Art=en&nr=29764 (Abrufdatum: 26.02.2019)

1. Gutschriften aus Schneeballsystemen führen zu Einnahmen aus Kapitalvermögen, wenn der Betreiber des Schneeballsystems bei entsprechendem Verlangen des Anlegers zur Auszahlung der gutgeschriebenen Beträge leistungsbereit und leistungsfähig gewesen wäre.

2. An der Leistungsbereitschaft des Betreibers des Schneeballsystems kann es fehlen, wenn er auf einen Auszahlungswunsch des Anlegers hin eine sofortige Auszahlung ablehnt und stattdessen über anderweitige Zahlungsmodalitäten verhandelt. Einer solchen Verweigerung oder Verschleppung der Auszahlung steht es nicht gleich, wenn der Betreiber des Schneeballsystems den Anlegern die Wiederanlage nahelegt, um den Zusammenbruch des Schneeballsystems zu verhindern, die vom Anleger angeforderten Teilbeträge jedoch auszahlt.

Gutschriften sind Kapitalvermögen, sobald der Betreiber bei entsprechendem Verlangen des Anlegers zur Auszahlung der gutgeschriebenen Beträge leistungsbereit und leistungsfähig gewesen wäre.

Das Urteil wird für uns Investoren sogar noch klarer in der Aussage:

„Das „Stehenlassen ausgewiesener Gewinne" kann den Schaden erhöhen. Verfügt der Anleger das Stehenlassen von Scheingewinnen zur Wiederanlage, erfolgt eine so genannte Novation der Schuld. Die Neuanlage erfolgt im eigenen Interesse des Anlegers. Auch hier wird die

Verfügungsmacht erlangt. Die erneut angelegte Summe gilt als zugeflossen und wieder angelegt. Kollabiert das Schneeballsystem, sind die nicht ausgezahlten Erträge trotzdem zu versteuern.[83]"

Im schlimmsten Fall bedeutet das, dass selbst Scheingewinne steuerpflichtig sind. Würdest du mit P2P-Krediten dein Geld verlieren, müsstest du auf erhaltene Zinsgewinne Steuern bezahlen, auch wenn du mittlerweile alles verloren hast.

Für mich gibt es somit keine Grundlage zu argumentieren, dass es eine alternative Form der Versteuerung für Kapitaleinkünfte gebe. Gerade die Novation der Schuld zeigt, dass die Art und Weise der Wiederanlage von Zinsen aus P2P-Krediten für das Finanzamt kein Neuland ist.

Bedenke, dass du in deiner Steuererklärung immer alle Informationen ehrlich angeben musst. Ich persönlich sehe es sehr kritisch, wenn man auf Grund der Argumentation in einem Blogartikel anfängt, seine Steuererklärung „alternativ" auszufüllen.

Dies zu tun impliziert, dass der Finanzbeamte gefälligst selbst schauen soll, ob du es richtiggemacht hast. Bei der Steuererklärung gibt es aber klare Regeln, wie du Kapitaleinkünfte anzugeben hast. Hast du Fragen, dann kannst du jederzeit einen Steuerberater aufsuchen oder das Finanzamt kontaktieren.

---

[83] https://www.bhkw-infothek.de/nachrichten/20961/2014-05-23-steuerlast-fuer-die-geschaedigten-von-schneeballsystemen/ (Abrufdatum: 27.02.2019)

Warum sind manche Investoren mit dem Modell erfolgreich?

Angeblich gibt es bereits P2P-Investoren, die mit dieser Art der Besteuerung erfolgreich „durchgekommen“ sind. Wenn dem so ist, haben sie einfach Glück gehabt. Im Finanzamt arbeiten auch nur Menschen. Es ist durchaus möglich, dass die Steuererklärung bzw. die Anhänge beispielsweise aus Personalmangel nur oberflächlich geprüft wurden. Außerdem sieht der Prüfer im Finanzamt zwar, dass du Kapitaleinkünfte angegeben hast, doch erst bei der genauen Sichtung der Anhänge dürfte auffallen, wenn zu wenige Kapitaleinkünfte angegeben wurden.

Unsere dringende Bitte an dich ist, dass du dir unbedingt den Rat eines Steuerberaters suchst, sobald du bei deiner Steuererklärung Fragen hast. Wenn dir ein Steuerberater zu teuer ist, dann kannst du ggf. auch das Angebot von einem Lohnsteuerhilfeverein in Anspruch nehmen. Die Kosten für die Vereine hängen von deinen Brutto-Jahreseinnahmen (bzw. der Bemessungsgrundlage) ab. Welchen Beitrag du bezahlen müsstest, kannst du auf den jeweiligen Webseiten einsehen. Je nach Ort und Einkünften geht der Beitrag bei ca. 40 Euro los.

Die bekanntesten Lohnsteuerhilfevereine sind:

- Lohnsteuerberatungsverbund[84]
- Aktuell Lohnsteuerhilfeverein e.V.[85]

---

[84] https://www.steuerverbund.de/mitgliedschaft/beitragsordnung/ (Abrufdatum: 17.01.2019)

[85] https://www.aktuell-verein.de/online-rechner/beitrags-rechner/

- Vereinigte Lohnsteuerhilfe e.V.[86]

Ein weiterer Vorteil der Vereine ist, dass du das ganze Jahr über beraten wirst. Du zahlst jährlich deinen Beitrag und kannst das ganze Jahr über offene Steuerfragen klären.

Denk immer daran: Du bist bei deiner Steuererklärung verpflichtet, alle Daten ehrlich und vollständig anzugeben und riskierst im Zweifelsfall heftige Sanktionen.

(Abrufdatum: 17.01.2019)

86 https://www.vlh.de/die-vlh-ihre-leistungen/beitraege.html (Abrufdatum: 17.01.2019)

Wie du deine Rendite berechnest

Renditeberechnung mit XIRR

Jeder Investor möchte irgendwann wissen, wie hoch die Rendite ist, die er oder sie erreicht hat.

Alle P2P-Plattformen bieten dir auf deinem Dashboard eine Anzeige deiner Rendite an. Die Rendite wird meistens nach dem internen Zinsfluss XIRR berechnet. XIRR ist die Abkürzung für "Extended internal rate of return".

Dabei gibt es kleine Unterschiede zwischen den jeweiligen P2P-Plattformen. Investoren bei Mintos werden auf ihrem Dashboard mit der "Jährlichen Nettorendite" begrüßt. Die jährliche Nettorendite (JNR) ist eine Kennzahl für die durchschnittliche jährliche Rendite. In der Nettorendite werden Abschreibungen und Gebühren mit einberechnet. Aber auch hier basiert die Berechnung auf dem XIRR.

Was ist XIRR?

Im Deutschen hat XIRR mehrere Namen und wird „Interner Zinsfuß" oder „Interne Zinssatz-Methode" genannt. Neben der Abkürzung XIRR gibt es daher auch die deutschen Abkürzungen IZF, IZM oder IZS. Wer sich intensiver mit dem Thema beschäftigen möchte, findet auf Wikipedia[87] weitere Informationen und Formeln zur Berechnung.

---

[87] https://de.wikipedia.org/wiki/Interner_Zinsfu%C3%9F (Abrufdatum:

Die XIRR-Methode ist ein sehr einfacher und sehr präziser Weg, um die tatsächliche Rendite zu berechnen. Zudem ist XIRR in Excel (auch in OpenOffice und LibreOffice) enthalten und kann direkt benutzt werden. Daher hat sich die Renditeberechnung mittels XIRR etabliert.

Wie funktioniert XIRR?

Alles was du brauchst sind die Zeitpunkte deiner Ein- und Auszahlungen sowie den aktuell verfügbaren Betrag.

Nehmen wir ein sehr einfaches Beispiel. Angenommen, am 01.01.2018 betrug dein Kontostand auf einer P2P-Plattform 5.140,49 Euro.

Am 01.07.2018 wolltest du wissen, wie hoch deine Rendite laut XIRR-Methode ausfällt. Dazu nimmst du deinen Kontostand vom 01.07.2018 und tust so, als ob du dir alles ausbezahlen würdest. Den Betrag über 5.493,05 Euro gibst du also negativ in die Tabelle ein.

Datum	Betrag
01.01.2018	5.140,49 €
01.07.2018	-5.493,05 €
Rendite:	14,31%

Abbildung 29: simple XIRR-Berechnung

Die XIRR-Methode von Excel (XINTZINSFUSS) berechnet dir nun deine Rendite. Für obiges Beispiel sieht die Formel wie folgt aus:

XINTZINSFUSS(B2:B3;A2:A3)

11.01.2019)

Die Rendite würde in diesem Fall bei 14,31% liegen.

XIRR Vorlage für Excel geschenkt bekommen

Wir haben für dich eine Excel-Tabelle für die schnelle Renditeberechnung mit XIRR erstellt.

Insgesamt sind 16 P2P-Plattformen für den schnellen Start vorbereitet. Natürlich kann die Vorlage den eigenen Wünschen entsprechend angepasst werden, eine Anleitung gibt es gratis dazu!

Schicke uns einen Screenshot von deiner verifizierten Rezension bei Amazon an info@p2p-kredite-buch.de.

Als Dankeschön lassen wir dir umgehend die Excel-Vorlage zukommen!

Nutze den Kontoauszug

Jede Einzahlung wird als positiver Geldbetrag mit Datum eingetragen und jede Auszahlung als negativer Geldbetrag samt Datum.

Der zum Zeitpunkt der Berechnung verfügbare Kontostand bzw. Wert wird fiktiv ebenfalls ausbezahlt und daher als negativer Betrag festgehalten.

Datum	Betrag
01.01.2018	5.000,00 €
01.07.2018	-2.000,00 €
01.09.2018	1.000,00 €
28.09.2018	-500,00 €
07.11.2018	300,00 €
31.12.2018	-4.383,00 €
Rendite:	13,71%

Abbildung 30: XIRR-Berechnung über mehrere Ein- und Auszahlungen

In diesem Beispiel gehen wir davon aus, dass am 01.01.2018 glatte 5.000 Euro eingezahlt wurden. Im Laufe des Jahres wurden am 01.09.2018 1.000 Euro und am 07.11.2018 weitere 300 Euro eingezahlt.

Zudem gab es zwei Abbuchungen: Am 01.07.2018 wurden 2.000 Euro ausbezahlt und am 28.09.2018 noch einmal 500 Euro.

Der letzte Eintrag ist die fiktive Auszahlung am 31.12.2018, um den XIRR zu berechnen. Die Rendite für 2018 beträgt in diesem Fall 13,71%.

Viele werden jetzt den Aufwand scheuen, sich Notizen zu machen, wann welche Ein- oder Auszahlung vorgenommen wurde.

Keine Panik. Das ist überhaupt nicht nötig. Die P2P-Plattformen stellen dir einen Kontoauszug zur Verfügung. Mit nur zwei Mausklicks erhältst du alle Daten, die du für deine XIRR-Berechnung benötigst.

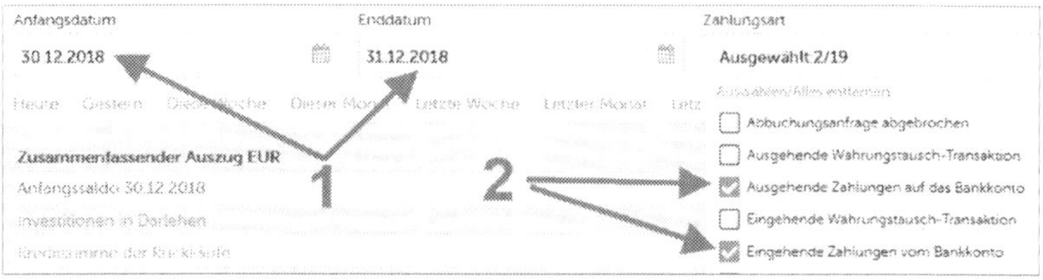

Abbildung 31: Kontoauszug nutzen, um die Ein- und Auszahlungstermine zu finden (Quelle: mintos.com)

Beispiel: Bei Mintos gehst du auf den Menüpunkt "Kontoauszug".

1. Nun wählst du den Zeitraum aus, für den du den XIRR berechnen möchtest. Dafür nutzt du die beiden Felder "Anfangsdatum" und "Enddatum".
2. Nun interessieren wir uns nur für zwei Zahlungsarten: die "Ausgehende Zahlung auf das Bankkonto" und die "Eingehende Zahlung vom Bankkonto".

Klicke auf den Button "Auswählen" und du hast alle Informationen, die du benötigst.

Die Berechnung kannst du auf diese Weise bequem auch rückwirkend durchführen, ohne dir explizit Notizen über Ein- oder Auszahlungen machen zu müssen.

Rendite berechnen mit Portfolio Performance

Wer kein Freund von Excel ist und lieber eine etwas professionellere Lösung nutzen möchte, kann seine Rendite auch mit dem im Privatinvestoren-Umfeld beliebten Software-Tool Portfolio Performance (PP) berechnen.

Portfolio Performance ist eine Open Source Software zur Renditeberechnung eines Wertpapierportfolios. Diese kann aber auch eingesetzt werden, um P2P-Investments zu tracken.

Portfolio Performance (PP) ist für viele zu Beginn erst einmal gewöhnungsbedürftig. Nach einer Orientierungs- und Eingewöhnungsphase, die durch vorhandene YouTube-Tutorials vereinfacht wird, ist es aber gar nicht mehr so schwierig, sein Portfolio in diesem Programm abzubilden.

Wir gehen davon aus, dass die wenigsten ausschließlich ihre P2P-Anlagen in PP abbilden werden. Wer das möchte, ist wahrscheinlich mit einer einfachen XIRR Excel-Tabelle (siehe Kapitel: „Deine Rendite berechnen mit XIRR“) einfacher und schneller unterwegs.

Wer nun also sein Gesamtvermögen mittels PP nachzeichnet, kennt demnach die Grundlagen des Programmes bereits von seinen anderen Anlageklassen wie Aktien und ETFs. Das Einpflegen des eigenen P2P Vermögens sollte somit kein Problem sein und wird im Folgenden kurz skizziert.

Wer PP ausprobieren möchte, kann die Software kostenlos herunterladen[88]. Sie wird für Windows, Mac und Linux angeboten.

[88] www.portfolio-performance.info/portfolio/ (Abrufdatum:21.02.2019)

Ein neues Konto für P2P anlegen

Nach dem Start der Software klickst du auf das „+“ Zeichen in der rechten oberen Ecke, um ein neues Konto anzulegen:

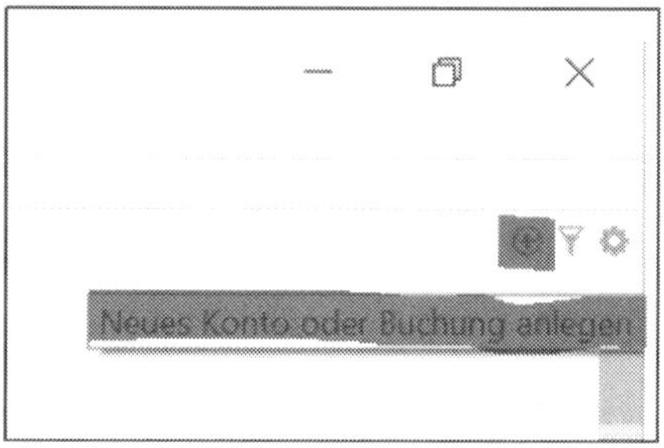

Abbildung 32: neues Konto in Portfolio Performance anlegen

Dieses Konto wollen wir für die P2P-Plattform nutzen, die du gerade hinzufügen möchtest. Das Konto hat aber zunächst keinen Namen und wird daher mit der Bezeichnung „Ohne Namen“ angelegt.

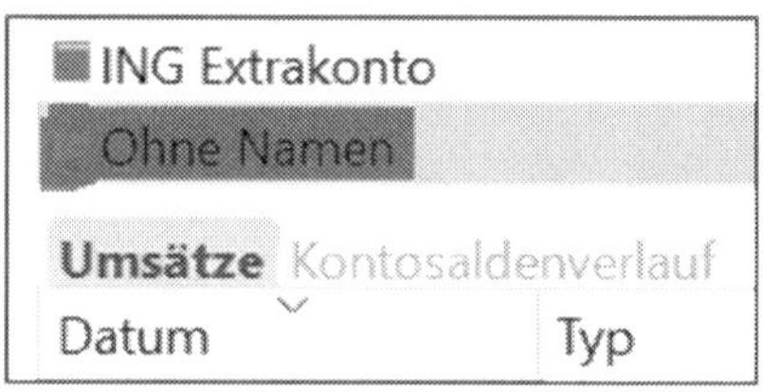

Abbildung 33: einen Namen vergeben

Das neue Konto kann durch einen Doppelklick beliebig umbenannt werden. Im Beispiel nennen wir das neue Konto „Neue P2P-Plattform“.

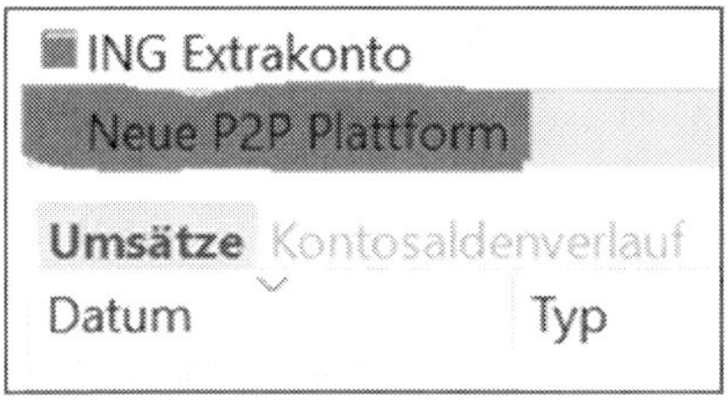

Abbildung 34: umbenanntes Konto

In den nächsten Schritten geht es nun darum, diesen neuen Account in Portfolio Performance mit Leben zu füllen.

Deine P2P-Buchungen sollen sichtbar werden. Dazu kann man z. B. zunächst die Einzahlungen dokumentieren: Du klickst mit der rechten Maustaste auf das eben angelegte Konto „Neue P2P-Plattform“. Nun erscheint ein Menü, in dem du „Einlage“ auswählst und deine getätigte Einzahlung dokumentierst.

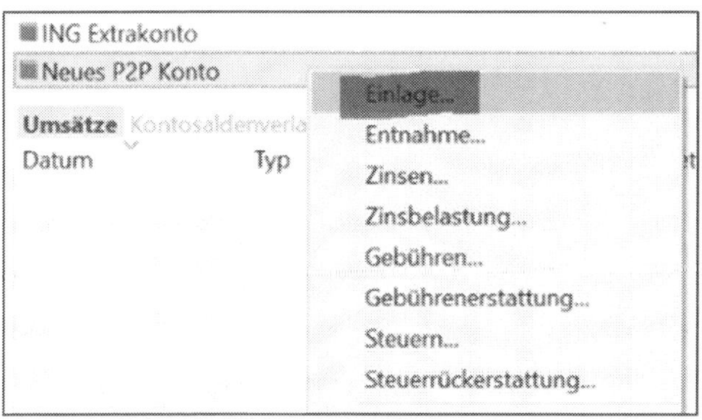

Abbildung 35: neue Einlage anlegen

Dabei solltest du auf Folgendes achten:

- Befindest du dich im richtigen Konto? Gerade bei mehreren Konten kann man leicht verrutschen und sich verklicken.
- Stimmt dein Einzahlungsbetrag?
- Achte auch darauf, dass du das korrekte Datum der Buchung hinterlegst, sonst stimmt die Berechnung der Rendite später nicht.

Sobald du alles korrekt eingegeben hast, klickst du auf „Speichern".

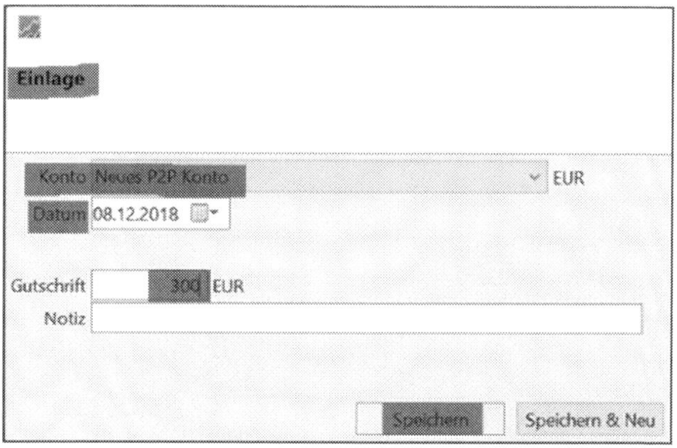

Abbildung 36: Einzahlungsbetrag eingeben

Weitere Einstellungen, die für die Renditeberechnungen wichtig sind, sind die Menüpunkte „Zinsen" und „Entnahme".

Klicke dazu mit der rechten Maustaste auf den Kontonamen, in unserem Beispiel auf das Konto „Neues P2P Konto".

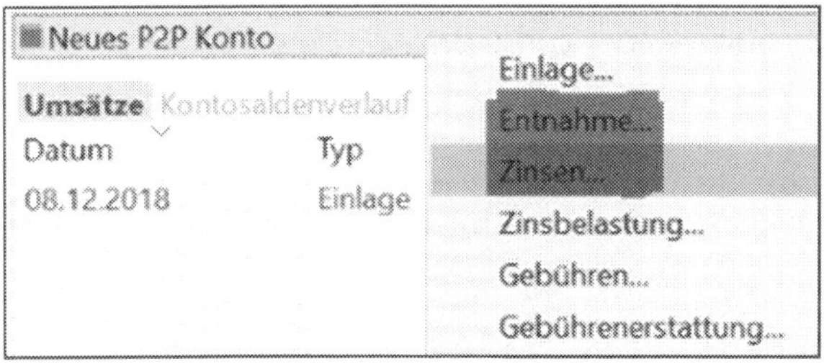

Abbildung 37: Zinseinnahmen erfassen

Ein Ausschnitt der verschiedenen Transaktionen eines fiktiven Mintos-Kontos über einen gewissen Zeitraum könnte z. B. so aussehen:

Mintos			13.388,88 EUR
DoFinance			0,00 EUR
Umsätze Kontosaldenverlauf			
Datum	Typ	Betrag	Saldo
16.04.2018	Zinsen	147,15	13.176,02
17.04.2018	Zinsen	0,20	13.176,22
15.05.2018	Zinsen	145,87	13.322,09
15.06.2018	Zinsen	145,86	13.467,95
20.06.2018	Einlage	500,00	13.967,95
03.07.2018	Einlage	500,00	14.467,95
13.07.2018	Zinsen	166,70	14.634,65
15.08.2018	Zinsen	136,76	14.771,41
16.08.2018	Entnahme	-329,00	14.442,41
20.08.2018	Entnahme	-544,00	13.898,41
22.08.2018	Entnahme	-610,00	13.288,41
04.09.2018	Entnahme	-300,00	12.988,41
15.09.2018	Zinsen	118,35	13.106,76
15.10.2018	Zinsen	139,19	13.245,95
15.11.2018	Zinsen	142,93	13.388,88

Abbildung 38: so kann ein möglicher Umsatzverlauf aussehen

Gut zu erkennen ist, dass hier nicht jede Zinsbuchung separat eingetragen wird. Das wäre ein nicht vertretbarer Aufwand. Vielmehr ist es sinnvoll, die Zinserträge für einen Zeitraum kumuliert zu erfassen; in diesem Beispiel pro

Monat und mit einem Datum um die Monatsmitte herum gebucht. Zinseintragungen auf Jahresbasis würden wahrscheinlich für ein grobes Ergebnis auch noch reichen. Je detaillierter und genauer die Eintragungen, desto näher kommt man freilich der Renditewahrheit.

In der linken Leiste findest du den Eintrag „Performance". Hier kannst du noch ein Dashboard für dein P2P-Konto anlegen. In diesem Dashboard werden dir alle wichtigen Parameter angezeigt.

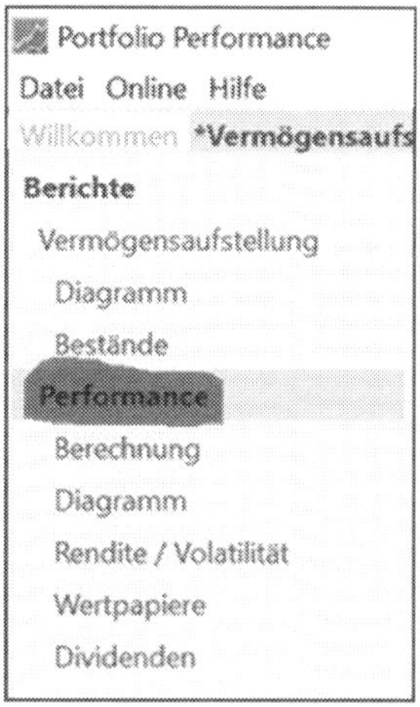

Abbildung 39: neues Dashboard anlegen

Hier sind die Geschmäcker natürlich verschieden und jeder kann sich sein Dashboard nach Belieben konfigurieren.

Dazu geht man via Rechtsklick auf die gewünschte Kennzahl über „Datenreihe" auf „Datenreihe auswählen" und selektiert dort das gewünschte (vorher bereits angelegte) Konto.

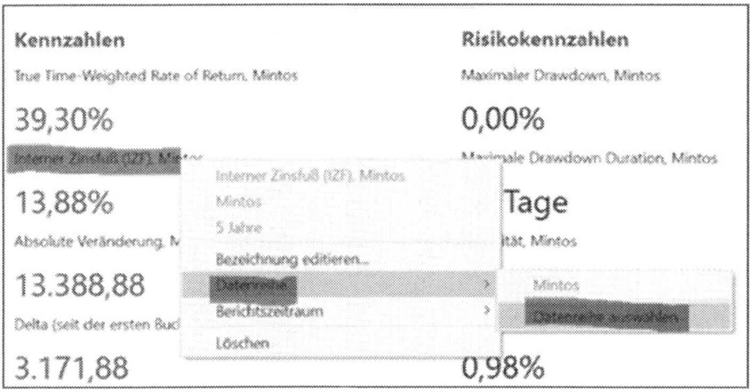

Abbildung 40: neue Datenreihe hinzufügen

Mit der rechten Maustaste öffnest du das Menü. Hier kannst du „Datenreihe“ und dann „Datenreihe auswählen“ anklicken.

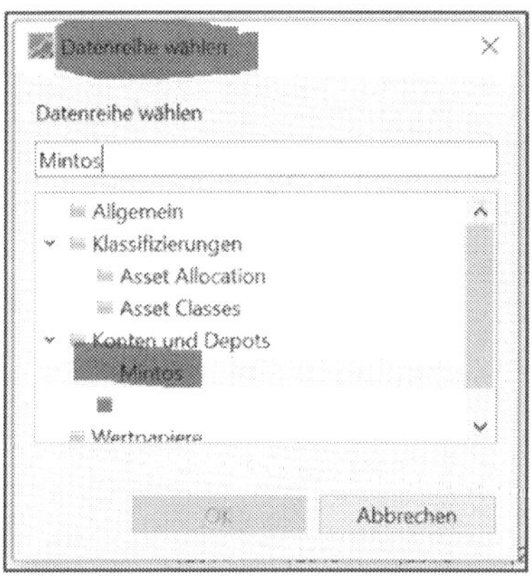

Abbildung 41: Konto für Datenreihe auswählen

Nun kannst du unter „Konten und Depots“ das gewünschte Konto auswählen. Danach klickst du auf den Button „OK“.

Der Interne Zinsfuß beispielsweise ist ebenfalls eine gerne genutzte Performance-Kennzahl und kann hier bei entsprechenden Einstellungen abgelesen werden.

Das Ganze kannst du für jede P2P-Plattform wiederholen, auf der du investiert bist. Am Ende hast du einen schönen Überblick über deine Rendite auf all deinen P2P-Plattformen.

Je öfter du mit dem Tool arbeitest, umso schneller und leichter geht das Eintragen der Zinsen und die Renditeberechnung.

Ein weiterer Vorteil ist, dass dir Portfolio Performance auch eine Gesamtrendite über alle P2P-Plattformen hinweg berechnen kann.

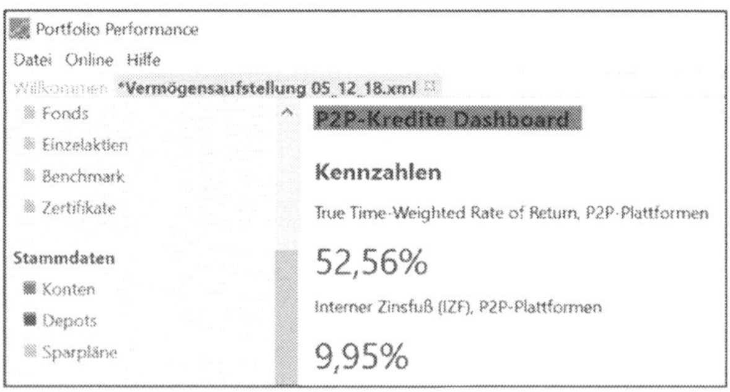

Abbildung 42: ein mögliches P2P-Dashboard

Passives Einkommen mit P2P-Krediten

Darf ein Praxishandbuch über P2P-Kredite ohne das Buzzword “Passives Einkommen” auskommen? Diese Frage haben wir uns gestellt. Unsere Antwort ist: Nein, darf es nicht.

Von passivem Einkommen liest man inzwischen überall und jeder, der sich mit Finanzen beschäftigt, möchte es aufbauen und möglichst schnell erreichen. Ganz viel passives Einkommen. Doch was ist das überhaupt? Wenn es passives Einkommen gibt, dann gibt es bestimmt auch aktives Einkommen, oder?

Aktives Einkommen erzielst du zum Beispiel aus deinem Beruf bzw. deiner Arbeit. Du tauschst deine Zeit und dein aktives Tun (die Arbeit) gegen einen Stundenlohn bzw. ein fixes Gehalt ein. Du arbeitest also z. B. 40 Stunden in der Woche aktiv, um am Monatsende einen Betrag X zu bekommen.

Das ist dein aktives Einkommen.

Für ein **passives Einkommen** lässt du dein Geld für dich arbeiten. Du erhältst bzw. generierst Einkommen, ohne aktiv dafür zu arbeiten. Ein gutes Beispiel sind Dividendeneinnahmen. Nur durch das Besitzen einer Aktie bekommst du Dividende. Für den Erhalt der Dividende musst du aktiv nichts tun (außer einmalig die Aktie zu kaufen).

P2P-Kredite werden von vielen Investoren auch dazu genutzt, um passives Einkommen zu generieren. Die P2P-Kredite eignen sich dafür sogar hervorragend, da die Rückflüsse sehr schnell und stetig zu erreichen sind. Du zahlst auf einer P2P-Plattform Geld ein und erhältst dann Zinsrückzahlungen von den Kreditnehmern. Das ist passives Einkommen.

Genau wie bei den Dividendenzahlungen sieht es auch bei den P2P-Krediten so aus, als ob man nichts zu tun hätte. Doch dieser Schein trügt.

Als Aktionär solltest du immer den Börsenverlauf und die Entwicklungen der Unternehmen verfolgen, von denen du Aktien besitzt. Du solltest in regelmäßigen Abständen prüfen, ob sich das Halten der Aktie weiterhin lohnt oder ob du sie besser verkauft solltest.

Natürlich hält sich diese Arbeit in Grenzen und ist nicht mit einem Fulltime-Job zu vergleichen. Trotzdem ist es nicht ganz so passiv, wie es das Wort auf den ersten Blick vermittelt.

Uns gefällt das Beispiel Immobilien sehr gut. Mieteinnahmen zählen ebenfalls zum passiven Einkommen. Aber auch hier musst du Zeit und Arbeit investieren. Du musst dich um neue Mieter kümmern, die Buchhaltung machen, die Mieteingänge kontrollieren, etwaige Reparaturen durchführen oder koordinieren, usw.

Als Vermieter hat man nicht ständig zu tun, aber komplett die Füße hochzulegen ist auch nicht drin.

Warum auch P2P-Kredite Arbeit machen

Bei P2P-Krediten können wir dir nur empfehlen, etwas Zeit und Arbeit zu investieren. Alleine schon aus dem Grund, weil du Geld investierst und du deine Investments regelmäßig kontrollieren solltest.

Du musst nicht ganze Tage damit verbringen, aber wir empfehlen dir, dich regelmäßig auf der P2P-Plattform einzuloggen und deine Investments zu prüfen. Deine Einnahmen kommen passiv und du musst nicht viel Zeit aufwenden, denn bei den P2P-Krediten hält sich der zeitliche Aufwand zum Glück in Grenzen.

Folgende regelmäßige Checks legen wir dir ans Herz:

1. Prüfe, ob du Kapital hast, das nicht investiert wurde!

Es passiert immer mal wieder, dass nicht dein komplettes Kapital investiert wurde. Geld, das auf deinem Dashboard herumliegt und keine Zinsen erwirtschaftet, ist ärgerlich und zu vermeiden. Deshalb solltest du dies regelmäßig kontrollieren. Warum Kapital nicht investiert wird, kann zwei Gründe haben:

(a) Es gibt nicht genug Kredite auf dem Erstmarkt.

(b) Es gibt nicht genug Kredite, die deinen Einstellungen des Autoinvestors entsprechen.

Solltest du Kapital übrighaben, dann kontrolliere zuerst den Erstmarkt. Sind aktuell Kredite verfügbar? Wenn ja, zu welchen Konditionen? Schau dir die Einstellungen deines

Autoinvestors an und prüfe, ob dieser (noch) aktiv ist! Passen die Einstellungen deines Autoinvestors noch zu den Zinssätzen und Laufzeiten der Kredite der aktuellen Marktlage?

Wenn es keine Kredite auf dem Erstmarkt gibt, dann gedulde dich etwas. Es gibt immer wieder Phasen, in denen die Plattformen Probleme haben, für genug Kredite zu sorgen.

Du kannst dein Glück auch auf dem Zweitmarkt versuchen. Achte hier aber auf mögliche Aufschläge und Gebühren.

2. Prüfe die Einstellungen des Autoinvestors!

Unabhängig davon, ob du freies Kapital hast oder nicht, lohnt es sich, regelmäßig deinen Autoinvestor zu checken. Prüfe, ob neue Länder oder neue Kreditarten hinzugekommen sind und ob diese für dich von Interesse sind.

Prüfe das aktuelle Zinslevel. Ggf. musst du deine Renditewünsche nach oben oder unten korrigieren. Beachte auch, dass sich bei Änderungen ggf. andere Laufzeitwünsche ergeben. Prüfe daher, ob die Laufzeit-Einstellungen weiterhin zu deinen Zielen und Kriterien passen.

3. Lies sorgfältig alle E-Mails, die du von den Plattformbetreibern erhältst!

In den E-Mails können wichtige Informationen stehen wie zum Beispiel steuerrechtliche Anpassungen, neue Kreditgeber oder neue Kredittypen, die für dich interessant sein können.

Das Lesen der E-Mails ist für uns Investoren absolute Pflicht. Sind die E-Mails auf Englisch, solltest du auch diese lesen und vor allem verstehen. Gerade wenn Anbieter z. B. steuerrechtliche Anpassungen vornehmen, solltest du informiert sein, um nicht plötzlich böse überrascht zu werden.

4. Betreibt die Plattform einen Blog, lies die Beiträge!

Das Lesen des Blogs kann weitere Informationen für dich bereithalten. Oft werden neue Features über den Blog verkündet, aber auch andere nützliche Informationen wie z. B. die Jahresberichte der Kreditgeber lassen sich hier finden.

Viele Anbieter kommunizieren über den Blog auch Zahlen und Statistiken, die von Interesse sein können.

5. Suche dir Quellen im Internet, die über deine Plattform berichten!

Es gibt einige Blogs wie zum Beispiel unsere (www.hobbyinvestor.de und www.freakyfinance.net), die über viele P2P-Plattformen berichten.

Suche dir ein paar Quellen heraus, die du regelmäßig verfolgen kannst, um up to date zu bleiben.

6. Google nach „<Der Name der Plattform> Probleme“!

Wenn es einmal Schwierigkeiten gibt: Google nach dem Wort „Problem“ oder „Ärger“ in Bezug auf den Namen der Plattform (z. B. „Problem Mintos“ oder „Ärger Twino“). Schaue nach aktuellen Treffern und überfliege diese.

Oft bist du nicht alleine mit deinem Problem (z. B. schlechte Verfügbarkeit von Krediten). Vielleicht findest du auch Lösungen, Zuspruch oder Alternativen.

Die Autoren öffnen ihr Portfolio

Wir haben uns lange überlegt, welche Informationen wir dir an dieser Stelle mitgeben können. Wir wissen, dass viele Einsteiger gerne fertige Vorlagen oder konkrete Anleitungen haben möchten. Dafür haben wir einen anderen Weg gewählt und dir bereits vier Beispiel-Strategien für verschiedene Zielsetzungen vorgestellt.

Dieses Buch soll ein Praxisbuch sein, mit dem du möglichst schnell und einfach deinen eigenen P2P-Weg finden kannst. Damit du zusätzlich von unserer Erfahrung profitierst, gewähren wir dir einen Einblick in unser reales Anlagejahr 2018. Wie haben wir ganz konkret in 2018 investiert und was werden wir in 2019 verändern bzw. anpassen?

Bitte beachte, dass es sich bei dem folgenden Einblick um einen Rückblick auf 2018 handelt. Zudem beschreiben wir, wie unser Portfolio zum Zeitpunkt des Schreibens aussah (Stand Februar 2019). Der Markt kann sich schnell ändern, daher handelt es sich um eine Momentaufnahme. Unser P2P-Portfolio kann sich zum Zeitpunkt des Lesens schon wieder verändert haben.

Im Folgenden werden wir auch über P2P-Plattformen sprechen, die wir in diesem Buch nicht vorgestellt haben. Solltest du mehr Informationen suchen, dann sind unsere Blogs und www.crowdbird.de eine gute erste Anlaufstelle.

Warum investiert ihr überhaupt in P2P-Kredite?

<u>Hobbyinvestor / Sebastian:</u> Ich bin studierter Informatiker und generell immer an Neuem interessiert. Die Anlageklasse der P2P-Kredite reizt mich sehr, weil ich hier quasi selbst eine Bank sein kann – natürlich mit den Vor- und den Nachteilen.

Per Mausklick kann ich ab 10 Euro entscheiden, wo ich investieren möchte. Das Investment läuft sehr schnell und (bisher) komplikationslos ab. Ich brauche keinen Finanzberater und keine Bank.

Ich investiere sehr gerne in P2P-Kredite und in Immobilien-Crowdinvesting-Projekte, weil sie eine tolle Ergänzung zu meinen ETF-Investments an der Börse sind.

An der Börse bin ich sehr passiv und vorsichtig unterwegs. Ich investiere ausschließlich in große Index-ETFs.

Daher ist mein Börseninvestment sehr strukturiert und langweilig. Die P2P-Kredite bieten einfach einen kleinen, aber sehr aktiven Gegenpart. Hier ist viel Bewegung drin und man erzeugt sehr schnell erste Rückflüsse.

Sicherlich werden die Gesetzgeber noch hier und da regulierend eingreifen müssen. Das Konzept der Finanzierung halte ich aber für absolut zukunftsfähig und wird die Banken in Zukunft noch in Bedrängnis bringen.

freaky finance / Vincent: Ich gebe zu, dass mich die hohe in Aussicht gestellte Rendite gelockt hat!

Außerdem ist mir die Diversifikation meiner Geldanlagen sehr wichtig. Ich möchte nicht nur innerhalb eines Assets breit streuen, sondern auch über die verschiedenen Anlageklassen.

Der nächste Börsen-Crash oder das Platzen einer Immobilienblase muss nicht zwangsläufig auch voll auf meine P2P-Anlagen durchschlagen. Somit fühle ich mich mit dieser breiten Fächerung sehr wohl.

Mit Zinsen aus P2P-Krediten kann man sich relativ unkompliziert und schnell einen einigermaßen passiven Einkommensstrom aufbauen. Relativ planbar, weil ohne Kursschwankungen, kommen monatliche Rückflüsse beim Anleger an.

Ein Traum für mich als Einkommensinvestor und Cash-Flow-Junkie!

Wie investiert der Hobbyinvestor?

Ich möchte dir nun einen Einblick geben, wie ich in 2018 und aktuell (Stand Februar 2019) in P2P-Kredite investiere.

Dabei berichte ich über meine Investments auf den folgenden P2P-Plattformen (in Klammern die prozentuale Gewichtung):

- Mintos (37%)
- PeerBerry (19%)
- EstateGuru (19%)
- Robocash (9%)
- Lenndy (7%)
- Iuvo Group (5%)
- Swaper (3%)
- NEO Finance (1%)
- Viventor (0%)
- Viainvest (0%)
- Twino (0%)

Auf Mintos liegt ein Großteil meines P2P-Kapitals. Mintos war auch in 2018 das Maß aller Dinge. Warum ich Viventor, Viainvest und Twino mit 0% angebe, erfährst du gleich im Detail.

Mintos

Auf Mintos habe ich das Jahr 2018 mit einer satten Rendite von 13,84% abgeschlossen. Die hohe Rendite kommt auch durch eine Bonus-Aktion von Mogo zustande.

Anfang 2018 konnten wir Investoren durch eine Cashback-Aktion bis zu 5% unseres Investments zurückerhalten. So hatte ich Anfang 2018 fast 50% Mogo Autokredite in meinem Portfolio.

Zudem achte ich bei Mintos immer penibel darauf, möglichst hohe Zinssätze zu erwischen. Gerade in der ersten Jahreshälfte 2018 habe ich viel in 13%- bis 14%-Kredite von Banknote, Bino, Extra Finance, GetBucks, Kuki.pl, Sebo und Varks investiert.

Die erste Jahreshälfte in 2018 lief eigentlich sehr erfolgreich und ohne große Probleme bis zum Juli. Denn im Juli begann Mogo damit, im großen Stil seine Autokredite wieder zurückzukaufen. Zudem wurden neue Autokredite mit deutlich weniger Zinsen angeboten. Das Geld dazu hatte Mogo über günstigere Anleihen eingesammelt, in Summe stolze 75 Mio. Euro.

Die Folge war, dass gut verzinste Kredite knapp wurden und jeder Kreditgeber versuchte, seine Zinsen zu senken. Es folgten ein paar holprige Monate und ich investierte auch in 10%- bis 11%-Kredite, um zu verhindern, dass zu viel Kapital auf meinem Dashboard ungenutzt blieb.

Als Mintos im August ein Rating für alle Kreditgeber veröffentlichte, nutze ich dies als Chance, meine Strategie neu auszurichten. Bisher lag mein Fokus auf einer maximalen Rendite, klar zu Lasten einer breiten Diversifikation.

Seit September investiere ich in alle Kreditgeber, die von Mintos mit einem „B-“ oder besser bewertet werden. Hier ist Lendo explizit ausgeklammert, da ich bei Lendo direkt im georgischen Lari investiere.

Zudem investiere ich ausschließlich in Kredite, die mit der Rückkaufgarantie angeboten werden. Die Kreditlaufzeit ist auf bis zu 24 Monate eingestellt. Einen Grund in längerfristige Kredite zu investieren sehe ich nicht, da das Angebot für meine Einstellungen völlig ausreichend ist.

Ich versuche, möglichst einen Zinssatz von 12% und mehr zu bekommen. Das gelingt meistens, aber nicht immer. Hin und wieder drehe ich den Zinssatz auf 11% herunter, warte bis mein freies Kapital investiert ist und stelle dann wieder auf einen Zins von 12% zurück.

Damit dabei die Diversifikation nicht auf der Strecke bleibt, habe ich die automatische Diversifikation im Autoinvestor aktiviert. Aktuell habe ich über 18 Länder und 20 Kreditgeber hinweg gestreut. Mein gewichteter durchschnittlicher Zinssatz lag Ende Februar bei 11,96%.

Schaue ich mir die Verteilung über die Kreditarten hinweg an, so habe ich 65% Verbraucherkredite, 25% Darlehen mit kurzer Laufzeit, 7% Autokredite und 3% Geschäftskredite im Portfolio. Ich zähle die Darlehen mit kurzer Laufzeit immer zu den Verbraucherkrediten, damit liegt der Wert bei satten 90%. Dessen bin ich mir aber bewusst und setze daher auch auf Lenndy (Geschäftskredite) und EstateGuru (Immobilienkredite).

Für 2019 plane ich zunächst keine großen Veränderungen. Ich bin mit meinem Portfolio aktuell sehr zufrieden. Natürlich werde ich weiter darauf achten, dass ich breit diversifiziert bleibe und kein Land bzw. Kreditgeber zu sehr übergewichte.

Ich empfehle dir, einen Blick auf Mintos zu werfen, da keine andere P2P-Plattform eine so große Vielfalt an Kreditgebern, Kreditarten und Ländern anbietet. Einsteiger und Anfänger müssen etwas Arbeit in den Autoinvestor investieren, da die erste Einrichtung bei dem großen Angebot etwas Zeit erfordert. Von den fertigen Autoinvest-Paketen halte ich nichts, da man hier meiner Meinung nach die Katze im Sack kauft.

PeerBerry

Auf PeerBerry investiere ich erst seit 2018. Pünktlich am 01.06.2018 bin ich hier mit 1.000 Euro gestartet und habe im Juli direkt auf 2.000 Euro verdoppelt.

PeerBerry entwickelt sich zu einer kleinen Alternative zu Mintos. Immerhin gibt es bereits 17 Kreditgeber aus 7 Ländern. Aber wie auch bei Mintos überwiegen hier die Verbraucher- und Autokredite.

Mir gefällt PeerBerry, weil ich hier ein gutes Angebot an Krediten mit kurzer Laufzeit vorfinde und die Zinsen nicht so schwanken wie auf Mintos. In meinem Portfolio befinden sich überwiegend Kredite mit 12% aus Kasachstan und der Ukraine.

Meine Rendite liegt aktuell bei 12,03%, womit ich sehr zufrieden bin.

PeerBerry bleibt in meinem P2P-Portfolio weiter hoch gewichtet, da ich zwar in dieselben Kreditarten und Länder investiere, wie ich es auch bei Mintos tun kann. Trotzdem streue ich über eine weitere P2P-Plattform und über weitere Kreditgeber. Ich werde aber nach wie vor darauf achten, bei Mintos nicht zu viel in Kasachstan und in der Ukraine zu investieren.

Für 2019 hoffe ich, dass PeerBerry den Autoinvestor um eine automatische Diversifikation erweitert. Aktuell muss man selbst aufpassen, dass man wirklich über das Angebot von PeerBerry streut. Ich stelle den Autoinvestor immer mal wieder auf 11% ein, damit ich auch Kredite aus Polen oder Litauen bekomme.

Natürlich könnte ich auch den Autoinvestor direkt auf 11% oder besser 10% einstellen, dann hätte ich weniger Arbeit. Aber irgendwie treibt mich die Rendite-Jagd und es macht mir Spaß.

Ich empfehle dir, einen Blick auf PeerBerry zu werfen, wenn du eine gute P2P-Plattform mit stark wachsendem und gutem Angebot suchst. Die Kreditverfügbarkeit mit Krediten zu 11% und 12% ist sehr gut. Mintos-Investoren müssen aufpassen und sich bewusstmachen, dass sich Länder und Kreditarten doppeln können! Solltest du bei beiden P2P-Plattform investieren, achte darauf, nicht bei beiden Plattformen dieselben Länder zu stark zu gewichten.

EstateGuru

Wir wissen, dass EstateGuru mehr eine Immobilien-Crowdinvesting-Plattform als eine P2P-Kredite-Plattform ist. Wir sind aber der Meinung, dass EstateGuru für alle P2P-Investoren einen Blick wert ist.

Auf EstateGuru bin ich aktuell in 41 Projekte investiert. 18 Projekte wurden mir bisher erfolgreich zurückgezahlt. Meine Rendite liegt bisher bei 11,37%.

Auf EstateGuru investiere ich, da hier Immobilien-Projekte im Fokus stehen und ich damit einen idealen Gegenpol zu den Verbraucherkrediten habe. Auf EstateGuru gibt es keine Rückkaufgarantie, dafür aber dingliche Sicherheiten. Meist sind bei den Projekten erstrangige Sicherheiten hinterlegt wie Immobilien, Grundstücke oder Ländereien.

Von meinen 41 Projekten befinden sich aktuell und zum ersten Mal leider 3 Projekte im Ausfall. Bei allen Projekten gibt es eine erstrangige Sicherheit. Zudem liegt der LTV bei allen Projekten bei unter 60%. Die 60% besagen, dass der aufgenommene Kredit nur 60% des Marktwertes der Immobilie bzw. des Grundstücks beträgt. Der Wert sollte möglichst niedrig sein, so dass EstateGuru bei einer möglichen Zwangsversteigerung Spielraum hat.

Bei den Krediten im Ausfall muss ich mich nun gedulden und abwarten, wie schnell die hinterlegten Sicherheiten zu Geld gemacht werden können. Das ist der Nachteil, wenn es keine Rückkaufgarantie gibt.

Natürlich wird nun zuerst der Kreditnehmer selbst versuchen, einen Käufer zu finden. Gelingt dies nicht, kommt es zu einer Zwangsversteigerung. Laut EstateGuru dauert dieser Prozess in der Regel zwischen drei und zwölf Monate.

Ich bin guter Dinge, dass ich mein Geld samt Zinsen erhalten werde und werde auch in 2019 weiter auf EstateGuru investieren.

Beim Investieren setze ich nicht auf den Autoinvestor, da dieser erst alle Optionen anbietet, wenn ich mindestens 250 Euro pro Projekt investieren würde. Das ist mir aber deutlich zu hoch. Ich investiere immer nur die Mindestkreditsumme in Höhe von 50 Euro und wähle die Projekte manuell aus.

An dieser Stelle möchte ich die Stufenkredite nicht unerwähnt lassen. Wir sind in der Vorstellung von EstateGuru bereits ausführlicher auf Stufenkredite eingegangen. An dieser Stelle aber noch einmal die Warnung, genau aufzupassen, nicht unwissentlich in mehrere Stufen zu investieren. Bei meinen 3 Ausfällen handelt es sich in Wahrheit nur um 2 Projekte. Bei einem Stufenkredit habe ich in Stufe 1 und 4 investiert und der Kreditnehmer dahinter ist nun ausgefallen.

Ich habe es mir daher angewöhnt, immer nur in die erste Stufe zu investieren.

Ansonsten ist es mir wichtig, dass der LTV möglichst deutlich unter den 70% liegt und es eine erstrangige Sicherheit gibt.

Viel mehr Daten prüfe ich nicht. Gerne schaue ich mir die Fotos an und lasse bei Nichtgefallen auch das eine oder andere Projekt liegen (was aber wirklich sehr selten vorkommt). Zudem jage ich auch hier der Rendite nach und investiere nur sehr ungern in Projekte mit einem Zinssatz von unter 11%.

EstateGuru ist schon deshalb einen Blick wert, weil der Fokus auf Immobilien und nicht auf Verbraucherkrediten liegt. Zudem werden die Projekte auf der Plattform von uns Investoren finanziert. Es gibt keine zwischengeschalteten Kreditgeber. Darüber hinaus wird mit erstrangigen Sicherheiten gearbeitet und die Zinsen liegen trotzdem im guten zweistelligen Prozentbereich.

Robocash

Robocash ist mein absoluter Rendite-Sieger im P2P-Portfolio. Nach meiner eigenen XIRR-Berechnung mit Excel liege ich bei einer satten Rendite von 14,47%.

Der hohen Rendite dürfte es zuträglich gewesen sein, dass ich von den Kreditengpässen 2018 nie viel mitbekommen habe. Mein Autoinvestor hat durchgängig immer alles reinvestiert.

Robocash hatte einen zu schnellen Investorenzulauf und konnte nicht schnell genug weitere Kreditgeber aus der Robocash Group anschließen. Mittlerweile konnten die Engpässe aber beseitigt werden. Ende 2018 wurde mit Russland der größte Kreditmarkt der Robocash Group angebunden. Zudem folgte kurz danach der philippinische

Markt, der von der Robocash Tochter robocash.ph bedient wird.

Robocash ist eine P2P-Plattform, die ausschließlich auf Verbraucherkredite setzt. Diese werden als Kredite mit kurzer Laufzeit (Payday Loan) oder als Ratenkredite angeboten.

Meine hohe Rendite von über 14% wird in 2019 nicht mehr zu wiederholen sein. Leider hat Robocash für alle Kredite einen einheitlichen Zinssatz von 12% eingeführt. Dieser lag vorher bei 14% bzw. sogar bei 14,5%.

Robocash finde ich u. a. aufgrund der Investitionsmöglichkeiten bzgl. der Philippinen und Russland sehr interessant. Zudem ist Robocash auch in Indonesien aktiv; diese Kredite werden über kurz oder lang auch uns Investoren angeboten werden.

Ich empfehle dir, einen Blick auf Robocash zu werfen, da alle Kredite mit Rückkaufgarantie und 12% Zinsen angeboten werden. Die Kreditverfügbarkeit ist wieder sehr gut und die Robocash Group hat weitere Märkte in der Hinterhand.

Investoren, die Robocash als weitere P2P-Plattform mit aufnehmen, müssen auf ihre Diversifizierung achten, da gerade die Länder Russland, Kasachstan und Spanien bei vielen P2P-Plattformen angeboten werden.

Lenndy

Auf Lenndy investiere ich, da sich die P2P-Plattform auf Geschäftskredite, Rechnungsfinanzierung (Factoring), Immobilien- und Autokredite spezialisiert hat.

Die Geschäftskredite und die Rechnungsfinanzierung werden nicht mit einer Rückkaufgarantie angeboten. Hier werden dingliche Sicherheiten wie z. B. Waren/Produkte hinterlegt. Zusätzlich wird mit Bürgschaften gearbeitet.

Ich fokussiere mich hier auf die Geschäftskredite, die Rechnungsfinanzierung und die Autokredite. Hier werden Zinsen von 12% und 13% angeboten, was das Investment auf Lenndy sehr interessant macht.

Mittlerweile werden aber auch Verbraucherkredite aus Polen angeboten. Diese haben längere Laufzeiten von bis zu 30 Monaten und sind damit nicht in meinem Fokus. Aber der Zinssatz liegt bei 12% und alle Verbraucherkredite haben aktuell auch eine Rückkaufgarantie.

Auf Lenndy investiere ich seit September 2017. Meine Rendite liegt bei 12,09%. Insgesamt habe ich nun in knapp 100 Kredite investiert. Einen tatsächlichen Kreditausfall hat es bis Ende 2018 auf Lenndy noch nicht gegeben. Es kommt immer mal wieder vor, dass ein Kredit in die extreme Verspätung von 90 Tagen und mehr geht. Bisher konnte aber immer alles zu Gunsten von uns Investoren gelöst werden.

Lenndy wird auch in 2019 ein fester Bestandteil in meinem Portfolio bleiben. Ich plane zudem, Lenndy stark auszubauen. Die P2P-Plattform bietet mit den Geschäftskrediten und der Rechnungsfinanzierung eine ideale Ergänzung zu den vielen Verbraucherkredit-Plattformen.

Ich empfehle dir, einen Blick auf Lenndy zu werfen, wenn du abseits der Verbraucherkredite investieren möchtest. Die Kreditverfügbarkeit ist in Ordnung, die Zinsen sind mit 12% bis 13% sehr hoch und eine Rückkaufgarantie ist teilweise auch mit dabei.

Iuvo Group

Iuvo ist eine P2P-Plattform, die etwas anders funktioniert als die üblichen Verdächtigen (wie z. B. Mintos). Auch auf Iuvo sind die Verbraucherkredite in der Überzahl, aber es werden auch Immobilien-, Geschäfts- und Autokredite angeboten.

Ich investiere auf Iuvo, weil mir das Modell mit der Abhängigkeit zwischen Rating und Zinssatz gefällt. Alle Kredite sind mit einem sechsstufigen Rating versehen. Investiere ich in Kredite mit dem besten Rating (A), dann erhalte ich nur 5% bis 6% Zinsen. Investiere ich in Kredite mit dem schlechtesten Rating (HR), dann erhalte ich knapp 15% Zinsen. Zudem klingt für mich die Rückkaufgarantie etwas ehrlicher, da nur das investierte Kapital erstattet wird und nicht die entgangenen Zinsen.

Das Angebot ist zudem ganz passabel. Sechs Kreditgeber stellen fünf verschiedene Kreditarten zum Investieren bereit. Sehr positiv sticht der Autoinvestor heraus. Hier lassen sich sehr viele Einstellungen tätigen und es bleiben keine Wünsche offen. Die Zeit bis zur Rückkaufgarantie variiert zwischen 30 und 60 Tagen und ist vom jeweiligen Kreditgeber abhängig.

Iuvo ist ein Testlauf, der sich bisher recht gut entwickelt. Die Rendite wird mir im Dashboard mit 10,42% angezeigt. Da ich hier noch kein volles Jahr investiere, kann ich zur tatsächlichen Rendite noch keine handfeste Aussage treffen.

Mein Plan für 2019 ist es, Iuvo weiter aufzustocken. Zudem investiere ich aktuell noch nicht in das schlechteste „HR"-Rating. Ich werde dieses Jahr also auch noch etwas mit den Autoinvestor-Einstellungen spielen und austesten, welche Rating-Mischung mir am Ende am besten gefällt.

Ich empfehle dir, einen Blick auf Iuvo zu werfen, wenn du eine P2P-Plattform suchst, die ein breites Kreditangebot hat und etwas abseits der üblichen Pfade funktioniert.

Swaper

Swaper ist eine kleine, eher unauffällige P2P-Plattform, die gut funktioniert, allerdings immer mal wieder mit Kreditengpässen zu kämpfen hat. Gestartet bin ich mit dem Ziel, den VIP-Status zu erhalten. Wer mehr als 5.000 Euro über mindestens 3 Monate investiert, bekommt auf alle Kredite 14% Zinsen statt der sonst üblichen 12%.

Allerdings hat sich schon Ende 2016 herausgestellt, dass mir 5.000 Euro Gesamtinvestition in Swaper deutlich zu viel sind. Mein erstes Investment habe ich bereits 2017 wieder etwas reduziert. Aktuell habe ich bei Swaper noch ein paar hundert Euro investiert, die aber eine ordentliche Rendite von 11,78% abwerfen. Trotzdem überlege ich, mein Geld von Swaper abzuziehen, denn auch Swaper konzentriert sich rein auf Verbraucherkredite und setzt auf die üblichen Länder wie Polen, Georgien, Spanien, Dänemark und Russland.

Mein Autoinvestor investiert aktuell nur noch in Kredite aus Dänemark, da ich in den anderen Ländern über meine weiteren P2P-Plattformen bereits genug investiere.

Ich empfehle dir, einen Blick auf Swaper zu werfen, wenn dir noch eins der fünf Länder im Portfolio fehlt, denn der Zinssatz mit 12% und die angebotene Rückkaufgarantie sind durchaus interessant. Swaper ist zudem für Investoren eine spannende Option, die mindestens 5.000 Euro auf einer P2P-Plattform investieren möchten, denn dann gibt es sogar 14% Zinsen. Damit wird Swaper zum Rendite-Booster!

NEO Finance

Auf NEO Finance investiere ich seit dem Sommer 2018. NEO Finance ist eine rein englischsprachige P2P-Plattform aus Estland und unterliegt – wie Bondora – der Aufsicht der Estonian Financal Supervision Authority (FSA)[89]. Ebenfalls wie Bondora ist NEO Finance selbst der

---

[89] https://www.fi.ee/en (letzter Abruf am 27.02.2019)

Kreditgeber. Die Kredite werden auf der P2P-Plattform von den Investoren finanziert – genau wie bei EstateGuru.

NEO Finance koppelt – wie schon Iuvo – den Zinssatz an das Kreditrating. Es gibt ein dreistufiges Rating von A bis C. Der Zinssatz reicht von 6% bis 27%.

Es gibt auch eine Rückkaufgarantie, die aber nur einen Teil des investierten Kapitals erstattet. Wer mehr Absicherung haben möchte, dem steht es frei, den kostenpflichtigen Provision Fund dazuzubuchen.

Ich teste NEO Finance noch, da sich die Mechanismen deutlich von Mintos & Co. unterscheiden. Meine Rendite liegt aktuell bei knapp 13%, wobei ich sehr vorsichtig investiere und sehr wenige Kredite mit C-Rating im Portfolio habe.

An dieser Stelle über den Prozentsatz an Ausfällen zu berichten, ist noch nicht möglich, da die Kredite eine Laufzeit zwischen 36 und 60 Monaten haben. Bisher läuft mein Investment aber absolut zufriedenstellend.

Ich empfehle dir, einen Blick auf NEO Finance zu werfen, wenn du ergänzend auf einer „ganz anderen" P2P-Plattform investieren möchtest. Mit der abgespeckten Rückkaufgarantie, dem kostenpflichtigen Provision Fund und den hohen Zinsen ergeben sich viele interessante Anlagestrategien. Aber Vorsicht: Englische Sprachkenntnisse sind Pflicht!

Viventor

Bei Viventor bin ich eigentlich schon 2017 ausgestiegen, weil die Verfügbarkeit der Kredite damals wirklich sehr schlecht war. Einen kleinen Betrag habe ich aber über den Autoinvestor stetig reinvestieren lassen und ich verfolge regelmäßig die Entwicklung dieser P2P-Plattform.

Viventor hat sich in den letzten beiden Jahren sehr positiv entwickelt und war sehr fleißig. Ähnlich wie Mintos und PeerBerry setzt Viventor auf Offenheit und bindet auch Kreditgeber an, die nicht zur eigenen Firmengruppe gehören. Ganze 18 Kreditgeber konnten mittlerweile angebunden werden.

Auch das Angebot an Kreditarten wurde deutlich erweitert: Neben den klassischen Verbraucherkrediten kamen weitere Kreditarten wie Geschäftskredite und Rechnungsfinanzierung hinzu.

Viventor ist ebenfalls komplett englischsprachig, hat aber ein paar interessante Länder im Angebot. Ich überlege aktuell, ob ich mit ein paar hundert Euro wieder einsteige und in die Rechnungsfinanzierungskredite aus den Niederlanden und in Geschäftskredite aus Polen investiere.

Ich empfehle dir, einen Blick auf Viventor zu werfen, wenn du eine weitere große P2P-Plattform mit breitem Angebot suchst. Der Erstmarkt ist sehr gut gefüllt und die angebotenen Zinsen liegen bei bis zu 14%.

Viainvest

Bei Vianinvest bin ich im Frühling 2018 ausgestiegen. Mich hat es genervt, dass ich jedes Jahr aufs Neue die Ansässigkeitsbescheinigung besorgen musste. Über die Plattform, das Angebot und meine Rendite kann ich mich nicht beschweren. Immerhin habe ich meine Investition mit 12,72% beendet.

Viainvest war zu meiner großen Freude nicht untätig und hat an dem Dilemma mit der Ansässigkeitsbescheinigung gearbeitet. Wenn du das Vorstellungskapitel von Viainvest gelesen hast, dann weißt du bereits Bescheid. In den drei Ländern Lettland, Polen und Schweden kann man nun auch ohne Ansässigkeitsbescheinigung investieren, ohne dass Steuern auf Zinsgewinne einbehalten werden.

Ich will nicht ausschließen, dass ich in 2019 nicht vielleicht wieder einsteige und in die Verbraucherkredite aus Lettland und Schweden investiere. Gerade Schweden wäre ein Land, das meiner Diversifikation sehr gut stehen würde. Allerdings lassen mich die Zinsen von „nur" 9% etwas zögern. Für die anderen Länder werden 10% und 11% Zinsen gezahlt.

Zudem handelt es sich auch auf Viainvest ausschließlich um Verbraucherkredite, wovon ich eigentlich schon genug im Portfolio habe.

Ich empfehle dir, einen Blick auf Viainvest zu werfen, wenn du auf der Suche nach einer weiteren P2P-Plattform zur Beimischung für dein Portfolio bist. Viainvest bietet eine gute Kreditverfügbarkeit und die Kredite haben eine Rückkaufgarantie, die bereits nach 30 Tagen greift.

Twino

Twino zählt neben Mintos und Bondora sicherlich zu den bekannteren P2P-Plattformen. Ich bin aber nach langem Frust im Frühjahr 2018 bei Twino komplett ausgestiegen. Die Kreditverfügbarkeit war einfach zu schlecht. Mittlerweile soll sich das zwar wieder entspannt haben, aber dafür ist mir das aktuelle Zinsniveau zu schlecht. Es werden vereinzelt wohl noch 11% Kredite angeboten, die jedoch nicht für alle Investoren reichen. 10% und niedriger ist hier die aktuelle Zinsrichtung.

Trotz meiner nicht allzu rosigen Erfahrungen möchte ich Twino nicht per se ausschließen.

Twino gehört schließlich zu den wenigen P2P-Plattformen, die einen Geschäftsbericht veröffentlichen, wenn auch mit großer zeitlicher Verzögerung. Der Geschäftsbericht über das Jahr 2017 wurde erst am 21.12.2018 veröffentlich[90].

Zudem gehört die P2P-Plattform zu einer Firmengruppe, die bereits seit 2009 im Kreditgeschäft tätig ist. Darüber hinaus wurde die P2P-Plattform 2015 gegründet und gehört damit schon zu den „älteren" und damit erfahreneren P2P-Plattformen.

---

[90] https://www.twino.eu/de/about/financials (Abrufdatum: 27.02.2019)

Ansonsten sind 10% Zinsen keine schlechte Aussicht; nicht jeder P2P-Investor hat Lust, ständig das Portfolio zu optimieren, um eine möglichst hohe Rendite zu erreichen.

Ich empfehle dir, einen Blick auf Twino zu werfen, wenn du neben Mintos und Bondora eher auf etablierte P2P-Plattformen setzen möchtest. Neben der Rückkaufgarantie ist auch die Zahlungsgarantie ein interessantes Werkzeug zur Absicherung der Kredite.

Weitere P2P-Plattformen und ein allgemeiner Ausblick auf 2019

Es gibt noch zwei, drei weitere Plattformen, auf denen ich mit kleineren Testbeträgen investiert bin. Hier reichen meine Erfahrungen aber noch nicht aus, um dir eine wirklich aussagekräftige Meinung bzw. Empfehlung geben zu können.

Warum fehlt bei mir Bondora? Ich stoße diesbezüglich oft auf Unverständnis, aber ich bin tatsächlich mit keinem einzigen Cent bei Bondora investiert. 2019 werde ich das voraussichtlich nachholen, einen Account habe ich schon angelegt.

Insgesamt habe ich für 2019 nicht geplant, mein Portfolio weiter mit neuen Plattformen auszubauen. Vielmehr möchte ich die Stärken einzelner P2P-Plattformen noch mehr nutzen und die Rosinen herauspicken. Bei den Verbraucherkrediten möchte ich auf Viainvest in Schweden und auf Swaper in Dänemark investieren. Auf

Viventor schnappe ich mir die Rechnungsfinanzierungskredite aus den Niederlanden usw.

So möchte ich noch gezielter investieren und Doppelungen bei Kreditarten und Ländern vermeiden.

Wie investiert freaky finance?

Ich bin auf knapp 20 P2P-Plattformen aktiv – daher werde ich in diesem Buch nicht auf alle detailliert eingehen. Wenn du mehr über die eine oder andere hier nicht erwähnte Plattform wissen möchtest, schau doch einfach in meine unregelmäßig erscheinenden P2P-Updates auf www.freakyfinance.net.

Natürlich ist Diversifikation ein entscheidender Grund, warum ich über so viele Plattformen investiere. Für mich fühlt es sich einfach besser an, keine zu großen Summen über einzelne Anbieter zu investieren. Bei einigen Plattformen wird das Vertrauen mit der Zeit größer – der dort investierte Betrag wächst dann automatisch mit. Außerdem treibt mich meine natürliche Neugier an, solche Themen selbst hautnah mitzuerleben und auszuprobieren. Nur dann kann man wirklich mitreden. Bei Nichtgefallen wieder auszusteigen ist völlig legitim – aber etwas schlecht zu machen, ohne eigene Erfahrungen damit gesammelt zu haben, finde ich suboptimal.

Schlussendlich gibt es über die Palette von Plattformen viele Doppelungen in bestimmten Eigenschaften – aber durch die Erfahrung kann man besser vergleichen und hat so die Möglichkeit, lohnenswerte Features zu identifizieren, die seltener sind und nicht von jeder Plattform angeboten werden. Ein Vorgehen wie das meine bietet sich freilich erst ab einer größeren Summe an, die man bereit ist, in P2P-Kredite zu investieren. Ein paar hundert Euro kann man ganz sicher auch über einen größeren Anbieter sinnvoll diversifiziert anlegen. Ebenso gibt es bestimmt Leute, die auch größere Beträge z. B. ausschließlich über Mintos mit all seinen vielfältigen Möglichkeiten umfassend gestreut bekommen. Wer jedoch ein paar Schritte weitergehen möchte und zusätzliche Diversifikationspotenziale sucht, wird im Universum der P2P-Plattformen auf jeden Fall fündig.

Grundsätzlich sei angemerkt, dass ich im Bereich P2P-Kredite mindestens 10% Zinsen pro Jahr erhalten möchte. Andernfalls stimmt meiner Meinung nach das Chance/Risiko-Verhältnis bei dem durchaus vorhandenen Risiko in dieser Anlagegattung nicht. Eher versuche ich, noch etwas höher verzinsliche Projekte zu bekommen. Die 10%-Marke stellt hier nur das absolute Minimum dar, das ich in diesem Umfeld zu akzeptieren bereit bin.

In 2018 habe ich über alle von mir genutzten P2P-Plattformen hinweg eine starke Rendite von 13,01% (berechnet via XIRR) erreicht.

Die prozentuale Aufteilung meines Investitionsvolumens über die verschiedenen P2P-Plattformen (Stand: März 2019):

- Mintos (21,61%)
- Twino (11,96%)
- Viainvest (11,65%)
- Swaper (9,14%)
- EstateGuru (8,70%)
- Bondora (6,38%)
- Viventor (4,84%)

- Auxmoney (4,71%)
- RoboCash (4,34%)
- Iuvo (3,42%)
- PeerBerry (3,38%)
- Lenndy (2,00%)
- Grupeer (1,71%)
- Fast Invest (1,69%)
- Crowdestate (1,62%)
- Bulkestate (1,35%)
- Flender (1,04%)
- Lendico (0,45%)
- DoFinance (0,00%)

Mintos

Wie bei Sebastian ist Mintos auch bei mir die Plattform, über die ich den größten Teil meiner P2P-Investments getätigt habe. Aktuell zeigt mein Dashboard eine Rendite von 12,54% an. Lange Zeit hatte ich hier den Regler auf mindestens 12% eingestellt und zusätzlich von den erwähnten Cashback-Bonusaktionen profitiert. Im Sommer 2018 gab es dann eine Phase, in der kaum noch Kredite mit mehr als 10% Rendite zu bekommen waren. Glücklicherweise hat sich das wieder geändert. Ich habe einige unterschiedliche Autoinvestoren bei Mintos konfiguriert:

- Die für mich wichtigste Einstellung: dass ich mich ausschließlich an Krediten mit **Rückkaufgarantie** beteilige!

- Ich versuche, eine **möglichst hohe Rendite** zu bekommen. Momentan gibt es genug Projekte mit mind. 11% Zinsen.
- Derzeit habe ich nur Anbieter im Autoinvestor zugelassen, die über ein **Mintos-Rating zwischen A und B** verfügen. B- und schlechter habe ich ausgeschlossen.
- Mein Geld läuft nur in **Euro-Kredite**, wobei ich Britischem Pfund und US Dollar gegenüber – aus Währungsdiversifikationsgründen – nicht abgeneigt bin. Allerdings gibt es in den beiden genannten Fremdwährungen keine Kredite, die sich mit meinem definierten Mindestzinssatz rentieren! Die anderen (meist osteuropäischen) Währungen habe ich ausgeschlossen.
- **Laufzeit**: Nichts gegen Langläufer, aber kurz- und mittelfristig laufende Kredite gewichte ich über. Der Großteil meiner Kredite hat eine Laufzeit von bis zu 24 Monaten. Ein etwas geringerer Teil läuft bis zu 54 Monate. Darüber hinaus investiere ich nicht.

Via Autoinvestor investiere ich nicht mehr als die Mindestinvestsumme (10 Euro) pro Kreditprojekt. Bei Mintos sind fast immer genug Projekte verfügbar, so dass diese große Streuung kein Problem darstellt und mein Diversifikationsgewissen zusätzlich beruhigt.

Vereinzelt kommt es vor, dass Kapital nicht innerhalb kürzerer Zeit investiert wird. Wenn sich zu viel Geld angesammelt hat, für das der Autoinvestor in der aktuellen Konfiguration keine Verwendung findet, greife ich ein und passe die Einstellungen an, warte bis das Kapital investiert ist und stelle auf die vorherigen Einstellungen zurück. Nun muss ich natürlich beobachten, ob die Kreditverfügbarkeit wieder besser wird, oder ob ich schon bald wieder eingreifen muss. Meistens sind die Phasen recht überschaubar, in denen die Einstellungen geändert werden müssen.

Die Parameter, an denen ich drehe, sind hauptsächlich die Rendite (runter) und manchmal nehme ich Anbahner kurzzeitig wieder mit rein, die ich normalerweise wegen ihrer Ratings ausgeschlossen habe. Auch über die Laufzeit (länger) erwische ich manchmal noch Kredite mit Zinsen, die es zeitweise bei den kürzer laufenden Projekten nicht gibt.

In meinem Mintos-Portfolio befinden sich zum Redaktionsschluss dieses Buches (März 2019) folgende Kreditarten:

- Verbraucherkredite: 63,5%
- Kredite mit kurzen Laufzeiten: 18%
- Autokredite: 17,1%
- Geschäftskredite: 1,4%

Die Kreditprojekte stammen aus 19 Ländern und von 26 Kreditgebern.

Die Zinsen verteilen sich so:

- 6,7% meiner laufenden Investitionen verzinsen sich mit 10 bis 11% Zinsen.

- 23,8% meiner laufenden Investitionen verzinsen sich mit 11 bis 12% Zinsen.
- 53,5% meiner laufenden Investitionen verzinsen sich mit 12 bis 13% Zinsen.
- 15,1% meiner laufenden Investitionen verzinsen sich mit 13 bis 14% Zinsen.
- Der gewichtete durchschnittliche Zinssatz beträgt somit 11,88%.

78,1% meiner laufenden Mintos-Kredite haben den Status „aktuell". 5,8% sind 1 bis 15 Tage in Verzug, 6,6% sind 16 bis 30 Tage in Verzug, 4,7% sind 31 bis 60 Tage in Verzug, 4,7% sind in der Schonfrist und 17,95% sind mehr als 60 Tage überfällig.

Der letztgenannte Posten bildet meine Investitionen bei dem in Schieflage geratenen Darlehensanbahner Eurocent ab. Diesen – zum Glück kleinen – Betrag kann ich wohl abschreiben, auch wenn Mintos ihn noch nicht als „ausgefallen" deklariert. Das Verfahren rund um die Eurocent-Pleite dauert an und wird sich noch eine Weile hinziehen. Ich gehe aber davon aus, dass die Anleger in dieser Angelegenheit nichts mehr zu erwarten haben.

Twino

Hier bin ich seit Anfang 2016 aktiv. Die Kreditverfügbarkeit lässt in dem für mich relevanten Bereich ab 11% oft sehr zu wünschen übrig. Mehr als 11% Zinsen gibt es bei den mit Rückkauf- oder Zahlungsgarantie abgesicherten Krediten noch deutlich seltener. Einerseits ist das sehr frustrierend, weshalb ich z. B. Sebastians Ausstieg absolut nachvollziehen kann. Andererseits zeigt mir Twino eine Rendite (XIRR) von 11,1% an, was ich noch akzeptabel finde und deshalb aus Diversifizierungsgründen noch dabei bin.

In unregelmäßigen Abständen bekomme ich Push-Nachrichten über die Twino-App, dass der Autoinvestor große Beträge – oft über 1.000 Euro – investiert hat (Abbildung 43).

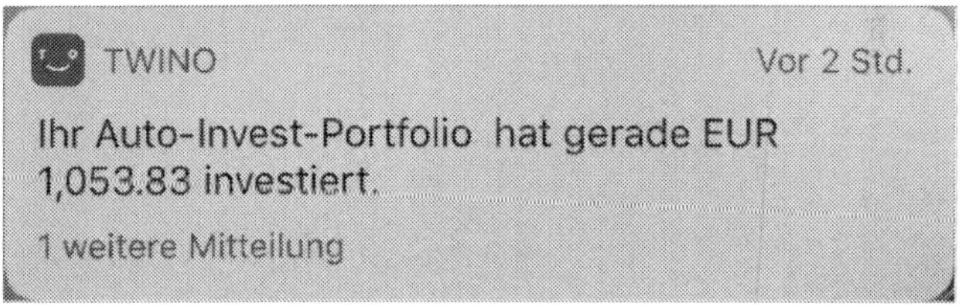

Abbildung 43: Twino Push-Nachrichten

Bei der Konfiguration des Autoinvestors kann man sich nicht viele Sonderwünsche leisten, wenn man bedient werden möchte. Ich habe mindestens 11% Zinsen, die Rückkaufgarantie sowie die Zahlungsgarantie als Mindestkriterien eingestellt. Fremdwährungen habe ich ausgeschlossen. Pro Kredit vergebe ich maximal 25 Euro.

Allerdings bereitet mir die Tatsache Sorgen, dass etwa die Hälfte meiner Twino-Kredite „verlängert", „verzögert" oder „ausgefallen" sind und die Rückkauf- oder Zahlungsgarantie oftmals zum Tragen kommt.

Portfoliostand % €

	T	PG	ABC
Aktuell	43.71 %	53.35 %	0.00 %
Verlängert	25.68 %	0.00 %	0.00 %
Verzögert	30.61 %	0.00 %	0.00 %
Ausgefallen	0.00 %	46.65 %	0.00 %

Gewichteter durchschnittlicher Zinssatz:	
BuyBack-Garantie:	11.01 %
Zahlungsgarantie:	11.42 %
Ohne Garantie:	0.00 %

Abbildung 44: Portfolio Übersicht auf Twino (Quelle: twino.eu)

Die Zahlungsmoral der Kreditnehmer ist auf dieser Plattform also ziemlich miserabel und es stellt sich die Frage, wie lange sich das Geschäftsmodell von Twino in dieser Form trägt. Schließlich handelt es sich um plattformeigene Anbahner, für die in einem hohen Maße mit den versprochenen Garantien eingesprungen werden muss. Es ist schwierig einzuschätzen, bei welchem Verhältnis das Konzept kollabiert. Auch in puncto Transparenz ist noch Luft nach oben; man denke an lang angekündigte Geschäftsberichte, auf die man ewig warten musste. Von den wenig überzeugenden Zahlen darin ganz zu schweigen: Twino ist bei weitem nicht profitabel, was im Start-Up-Bereich erstmal nichts Ungewöhnliches ist. Allerdings konnte sich z. B. Mintos über einen ganz ähnlichen Zeitraum und mit einer vergleichbaren Arbeitsweise viel besser in der P2P-Szene verankern und in Richtung Profitabilität entwickeln. Ein Non-Performing-

Loan-Ratio (Verhältnis der nicht planmäßig zurückgezahlten Kredite) von 41% (Stand Ende 2017) weist auf eine erschreckende Performance hin. Weitere Details zu der Situation bei Twino wurden auf dem Portal „Explore P2P" berichtet[91].

Neues Kapital investiere ich wegen der schlechten Kreditverfügbarkeit schon länger nicht mehr. Stattdessen werde ich nach und nach nicht investiertes Kapital abziehen und beobachten, wie sich Twino entwickelt.

Viainvest

Bei Viainvest handelt es sich um eine weitere Plattform, die zwischendurch mit Kreditengpässen zu kämpfen hatte, was sich aber deutlich verbessert hat. Zusätzlich nervt die jährlich neu beizubringende steuerliche Ansässigkeitsbescheinigung, ohne die die Quellensteuer für Kredite aus manchen Ländern einbehalten wird. Meine Rendite liegt hier bei 12,31%, der Aufwand für diese Plattform ist abgesehen von der Ansässigkeitsbescheinigung sehr gering. Ich habe drei verschiedene Autoinvest-Konfigurationen in Betrieb und damit läuft die Plattform bei mir rund. Eingestellt habe ich mindestens 10% Zinsen und eine maximale Laufzeit von 24 Monaten. Die 9% für schwedische Kredite sind mir zu wenig!

---

[91] http://explorep2p.com/twino-update/ (Abrufdatum: 02.03.2019)

Swaper

Was die Rendite angeht ist Swaper bei mir in der Spitzengruppe – dank des 2% Loyalty Bonus liege ich hier bei einer angezeigten Rendite von 13,79%. (Wie erwähnt erhalten diesen Bonus alle Investoren, die mindestens drei Monate lang 5.000 Euro oder mehr im Swaper-Account verzeichnet haben).

Allerdings bleibt hier meistens ein gewisser Betrag uninvestiert liegen, was ein unbefriedigendes Gefühl ist – die Rendite ist aber trotzdem mehr als zufriedenstellend.

Obwohl oft herumliegendes Kapital nicht dazu einlädt, mehr Kapital zu investieren, werde ich nun testen, ob es sich trotzdem lohnt. Wenn der nicht investierte Betrag nicht parallel auch steigt, ist es für mich ok. Und wenn das neu überwiesene Geld keine Abnehmer findet, ziehe ich es wieder ab. Ich habe bei Swaper übrigens viele Autoinvestoren mit verschiedenen Einstellungen laufen und investiere bis zu 100 Euro pro Projekt. Das hat die Situation bezüglich des nicht investierten Geldes deutlich verbessert. Die genauen Gründe dafür erschließen sich mir allerdings nicht wirklich.

Bondora

Von vielen als „echtes P2P ohne Netz und doppelten Boden“ gepriesen, kann ich mich nicht mit der fehlenden Rückkaufgarantie von Bondora anfreunden. Nachdem ich vor längerer Zeit realisiert hatte, dass die angezeigte Rendite stetig sinkt, habe ich auf dieser Plattform kein neues Kapital mehr investiert. Das hat die Rendite noch schneller in den Keller getrieben. Die im Laufe der Zeit steigende Anzahl an Krediten mit Zahlungsverzug wirkt sich logischerweise negativ aus. Wenn kein frisches Kapital hinzugefügt wird, wird das Dilemma noch offensichtlicher.

Neue Kredite laufen meist erst eine Weile, bevor es dann zum Verzug und in der Folge zu Ausfällen kommt. Auch ist der Zinsanteil der Rückzahlungen von den Kreditnehmern am Anfang höher als gegen Ende einer Kreditlaufzeit.

Zudem sind die Standardeinstellungen seitens Bondora so gewählt, dass dem Anleger zunächst eine zu optimistische Rendite angezeigt wird. Der Großteil der Nutzer merkt das nicht und lässt sich so vermutlich von falschen Tatsachen beeindrucken.

Abbildung 45: Nettorendite bei Bondora (Quelle: bondora.com)

So ging es mir jedenfalls, bis ich eines Tages die Annahmen für die „Rendite bei Fälligkeit“ auf einigermaßen realistische Werte umgestellt habe. Das passiert über die Schieberegler bzw. die Prozentangaben wie in Abbildung 46, wo du die von mir gewählten Einstellungen siehst. Du kannst auch die vordefinierten Einstellungen im Menüpunkt „Die Daten meines Portfolios“ oder „Die generellen Daten des Bondora-Portfolios“ durch Anklicken verwenden und wirst feststellen, dass die Rendite zum Laufzeitende recht gering ausfallen wird.

Mit diesen Einstellungen der Annahmen zu spielen kann ich nur jedem empfehlen, um ein ehrlicheres Bild zu erhalten. Denn nur auf die „Rendite zur Fälligkeit“ kommt es am Ende an; die angezeigte Nettorendite spiegelt lediglich den aktuellen Stand wider und selbst der ist mit knapp über 10% kein Highlight.

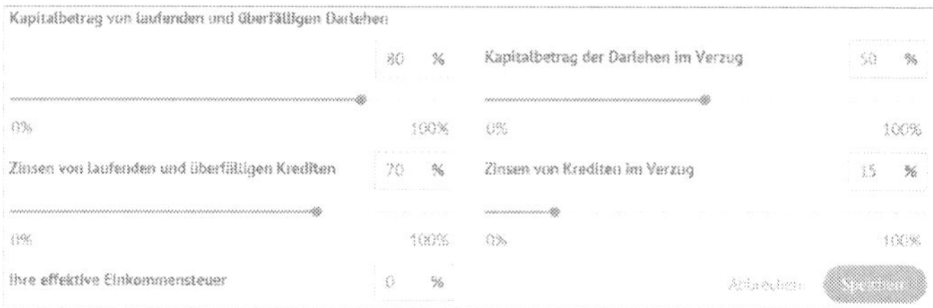

Abbildung 46: Einstellungen zur Renditeberechnung (Quelle: bondora.com)

Auch um die Zahlungsverlässlichkeit der Projekte, an denen ich mich über Bondora beteiligt habe, könnte es besser stehen: Knapp 28% der Kredite werden nicht planmäßig zurückgezahlt.

Als ich jüngst festgestellt habe, dass bei den von mir gewählten „Portfolio Pro“-Einstellungen auch zeitweise Geld länger auf passende Kredite wartet, habe ich die Reinvestitionen gestoppt.

Ich werde nun nach und nach Geld bei Bondora abziehen, bis der Kontostand dort wieder meinem ursprünglich eingezahlten Betrag von 2.500 Euro entspricht. Ich ziehe also zunächst einmal meine verdienten Zinsen ab. Momentan denke ich, dass ich diesen Grundbetrag investiert lasse, „Portfolio Pro" wieder scharf schalte und einmal im Jahr meine Zinsen herausziehen werde.

Viventor

Dieser Anbieter ist ein positives Beispiel dafür, dass eine Plattform die Engpässe bei Kreditverfügbarkeiten gut in den Griff bekommen kann. Es ist zwar schon eine Weile her, aber es hat zeitweise eine gute Portion Geduld erfordert, große Teile meines Geldes bei Viventor uninvestiert herumliegen zu sehen. Viele Anleger hatten diese Geduld nicht und haben der Plattform damals – wie Sebastian – den Rücken gekehrt.

Viventor hat aber reagiert und die Kreditverfügbarkeit Stück für Stück ausgebaut, indem neue Anbahner für die Plattform gewonnen wurden. Kreditengpässe und nicht investiertes Kapital gehören nun schon länger der Vergangenheit an. Meine Rendite wird mir aktuell mit 12,28% angezeigt. Wenn du von den neu dazukommenden Kreditgebern profitieren möchtest, musst du regelmäßig die Haken im Autoinvestor bei den Neuzugängen setzen, ansonsten bleiben diese beim Investieren unberücksichtigt. Sobald Viventor neue Anbahner an Bord hat, erinnern sie dich per E-Mail daran, die nötigen Einstellungen vorzunehmen.

Mit dem Autoinvestor investiere ich in Projekte ab 10 Euro und mit einer maximalen Laufzeit von 50 Monaten, zudem muss eine Rückkauf- oder Zahlungsgarantie vorhanden sein. Sofern diese Voraussetzungen erfüllt sind, kann in alle Kreditarten, Länder und Anbahner investiert werden.

Robocash

Anders als Sebastian war ich deutlich spürbar von den Kreditengpässen 2018 betroffen. Ansonsten kann ich nicht viel Anderes als Sebastian zu der Plattform sagen. Seit der Reorganisation bei Robocash läuft es wieder rund.

Mein durchschnittlicher Zinssatz liegt dort aktuell bei 13,55%, wird sich aber zwangsläufig im Laufe der Zeit in Richtung 12% bewegen, weil es inzwischen bei Robocash nur noch Kredite mit 12% Zinsen gibt (früher 14%). Der "Roboter" investiert hier vollautomatisch nach meinen Vorgaben in kurzlaufende spanische, kasachische und neuerdings auch in lettische, russische und philippinische Kredite. Hier lasse ich bis zu 20 Euro pro Kredit zu. Eine Rückkaufgarantie ist gegeben.

IUVO

Über diese Plattform hat Sebastian schon ein paar Worte verloren. Gehandelt werden hier bulgarische und rumänische Kredite mit attraktiver Verzinsung bis zu 15%, wahlweise in der jeweiligen Landeswährung oder in Euro. Ich bleibe auch in diesem Fall meiner Heimatwährung treu. Aktuell sorgen sechs Darlehensanbahner für fünf verschiedene Kreditarten, die in sechs Risikoklassen eingeteilt werden – die Klassen A bis E mit aufsteigendem

Risiko sowie HR (High Risk)-Kredite. Die Zinsen richten sich nach der Risikoklasse.

Die Projekte laufen maximal 60 Monate, die Rückkaufgarantie (ohne Zinsen!) kann ausgewählt werden, ein Autoinvestor und ein Zweitmarkt sind vorhanden. Ich investiere über den schnörkellosen, aber sehr stabil laufenden Autoinvestor in Kredite ab 12% Zinsen mit einer Höchstlaufzeit von 12 Monaten. Bei IUVO bin ich im April 2018 eingestiegen und kann bisher, trotz anfänglicher Skepsis, nichts Negatives berichten. Meine Rendite wird mit 12,31% angezeigt.

PeerBerry

Mein Favorit aus der zweiten Reihe ist die noch relativ junge Plattform PeerBerry. Hier tut sich einiges und mein Vertrauen in diese Plattform steigt. Meine Rendite liegt dort aktuell bei beachtlichen 12,79%. Den Autoinvestor habe ich neben der Mindestverzinsung von 11% nur in der Laufzeit (maximal 36 Monate) und Investitionshöhe pro Projekt (max. 15 Euro) beschränkt. Unter Beachtung dieser Parameter darf der Autoinvestor beliebig investieren und tut das auch fleißig.

Lenndy

Dieser Anbieter aus Lettland bietet zwar hauptsächlich Investitionsmöglichkeiten ohne Rückkaufgarantie an, aber es ist bis zum März 2019 noch kein über Lenndy finanziertes Projekt ausgefallen. Trotzdem investiere ich hier hauptsächlich in Kredite mit Rückkaufgarantie. Ohne diese Sicherheit habe ich auf dieser Plattform nur in eine Handvoll Kredite investiert. Außerdem achte ich darauf, dass die Projekte zusätzlich über eine oder mehrere dingliche Absicherungen verfügen – das können Immobilien, Fahrzeuge oder andere Vermögenswerte sowie persönliche Garantien sein.

Bei Lenndy investiere ich über den Autoinvestor. Eine Einschränkung bei den Kreditgebern oder den Kreditarten gebe ich nicht vor. Ich investiere hier nur die geforderten 10 Euro pro Kredit und möchte mindestens 12% Zinsen erhalten. Die Laufzeit habe ich auf 36 Monate beschränkt.

Grupeer

Grupeer bietet Kreditprojekte aus verschiedenen Ländern an, darunter sogar Deutschland. Die Zinsen für Anleger belaufen sich auf 10% bis 14%. Eine Autoinvestor-Funktion ist vorhanden, ein Zweitmarkt dagegen (noch) nicht. Ich nutze die Plattform seit Ende Juni 2018. Anfänglich waren hier noch Kredite mit über 15% Zinsen zu finden.

Ein Manko bei Grupeer ist die Tatsache, dass große Projekte oft in mehrere kleine aufgeteilt werden und der Autoinvestor die Investments zwar auf mehrere Projekte verteilt, aber im Endeffekt der gleiche Kreditnehmer mit dem gleichen Projekt mehrfach bedient wird. Das ist natürlich im Sinne einer vernünftigen Diversifikation kontraproduktiv!

Einmal mehr obsiegt die atemberaubende Rendite – bei mir derzeit 14,33% – gegen die Entscheidung, auszusteigen. Neben der unschönen Sache mit der Kreditaufteilung fallen mir aber auch keine Gründe dafür ein: Der Autoinvest-Funktion erlaube ich, in Kredite ab 13% Zinsen mit einer maximalen Laufzeit von 24 Monaten zu investieren. Auch habe ich einen Höchstbetrag von 10 Euro pro Projekt festgelegt, wobei die Plattform das manchmal durch den oben beschriebenen Umstand umgeht. Weitere Einschränkungen nehme ich in den Einstellungen nicht vor.

Fast Invest

Bei dieser noch jungen und oft als „intransparent" betitelten Plattform wird man mit hohen Zinsen gelockt. Ich habe testweise 1.000 Euro investiert. Angeboten werden polnische, spanische, dänische und britische Kredite mit Rückkaufgarantie bei 9% bis 16% Zinsen. Das Maximum gibt es aber nur für polnische Kredite in der entsprechenden Heimatwährung. Persönlich habe ich per Autoinvestor Fremdwährungen ausgeschlossen, einen Mindestzins von 13% sowie eine Laufzeit bis 12 Monate und maximal 10 Euro pro Projekt als Investitionskriterien definiert.

Gegen Verzicht auf die Zinsen kann man seine Investments auf Fast Invest von einem auf den anderen Tag stoppen und sein Geld oder Teile davon vorzeitig abziehen. Die Plattform kauft dir bei Bedarf deine Kredite ab und sorgt so für eine Extraportion Flexibilität.

Deutsch gehört (noch) nicht zu den Kompetenzen dieses recht neuen Anbieters. Die dort ebenfalls angebotene ICO-Sparte[92] ignoriere ich persönlich komplett.

Mangelnde Transparenz in Kombination mit dem jungen Alter der Plattform mahnen zur Vorsicht. Ich möchte investiert sein, um mir ein eigenes Bild zu machen, und beobachte nun, wie sich Fast Invest entwickelt – und entscheide später, ob ich Kapital aufstocke oder abziehe.

Ich habe hier laut Anzeige durchschnittlich 13,63% Zinsen.

Flender

Hier investiere ich seit Juli 2018 in irische Firmenkredite mit ca. 10% Zinsen. Die Idee war, etwas weg von den klassischen Konsumkrediten und vor allem mal abseits des Baltikums zu investieren (Stichwort: Diversifikation). Inzwischen gibt es hier leider einige Störungen in den Rückzahlungen – und ob das Inkassoverfahren gut funktioniert, wird sich erst zeigen müssen. Da ist mit Monaten, wahrscheinlich sogar Jahren der Ungewissheit zu rechnen. Auch wenn ich in die Projekte mit Rückzahlungsschwierigkeiten nicht investiert bin, bekommen die Iren kein neues Geld von mir und ich ziehe zurückgezahltes Kapital ab.

Mein durchschnittlicher Zinssatz wird mit 10,37% angezeigt.

DoFinance

---

[92] Initial Coin Offering; auf Kryptowährungen basiertes Crowdfunding

Nachdem DoFinance zwischenzeitlich zu meiner persönlichen Nummer 2 der P2P-Plattformen aufgestiegen war, spielt dieser Anbieter für mich trotz einiger interessanter Features und teilweise sogar sehr positiver Alleinstellungsmerkmale aktuell keine Rolle mehr. Mein Rückzug von dieser Plattform ist der Tatsache geschuldet, dass hier nur noch maximal 9% Zinsen zu holen sind. Dieser Wert unterschreitet meine persönliche P2P-Renditegrenze, weshalb ich bei DoFinance keine weiteren Investitionen tätige.

EstateGuru

Dass EstateGuru etwas anders funktioniert und nicht wirklich ein Marktplatz für P2P-Kredite im eigentlichen Sinne ist, hat Sebastian bereits ausgeführt. Seine Argumente, warum es sich trotzdem lohnt, über diesen Anbieter zu investieren, befürworte ich ebenfalls.

Zweistellige Renditen mit Immobilienprojekten? Das schaffen die meisten Privatinvestoren nicht – jedenfalls nicht mit der Vermietung von Wohnimmobilien. So machen 50% der Vermieter mit ihren Objekten Verlust oder maximal 2-3% Rendite (also höchstens auf Inflationsratenniveau). Lediglich 18% der Privatvermieter kommen auf eine Rendite von über 5%.

Auch, wenn du dem Faktor Mensch (Mieter, Nachbarn, Verwalter und andere Dienstleister) im Zusammenhang mit Immobilien-Investments aus dem Weg gehen willst und lieber mit kleineren Summen in die Assetklasse

Immobilien einsteigen möchtest, um ein Klumpenrisiko zu vermeiden, dann könnte diese Art der Immobilien-Projekte ein interessantes Feld für dich sein!

Der Durchschnitt meiner Kredite, in die ich bei EstateGuru investiert habe, liegt aktuell bei knapp 11%. Und hier reden wir über Immobilien-Crowdinvesting, d.h. die Projekte stehen fast immer im Zusammenhang mit einer Immobilie. Hier entferne ich mich also deutlich von Konsum-, Auto- und anderen typischen P2P-Kreditarten. Zwar gibt es keine Rückkaufgarantie, aber im Fall der Fälle ist eine als Sicherheit hinterlegte Immobilie vermutlich mehr wert als das bloße Versprechen eines Kreditgebers, mir bei Ausfall der Kreditnehmer meinen Einsatz und die bis dahin verdienten Zinsen zurückzuzahlen.

Aktuell bin ich in 108 laufende Kredite investiert. Davon befinden sich sechs Stück „in Ausfall", was einer Quote von 4,1% entspricht. EstateGuru hat in der Vergangenheit bereits ein sehr gutes und transparentes Ausfallmanagement bewiesen und daher habe ich die Hoffnung, dass der Betrag der tatsächlichen Ausfälle am Ende sehr klein sein wird.

Ich wähle die Kredite in der Regel manuell aus. Dabei achte ich darauf, dass ich mindestens 10% Zinsen bekomme – besser 11%. Die Grundschuld sollte erstranging und das LTV möglichst niedrig sein.

Den Autoinvestor nutze ich nur selten und nur, wenn sich einiges an Kapital angesammelt hat und ich manuell nicht hinterherkomme. Beim manuellen Investieren verpasst man natürlich einige Projekte, die innerhalb kurzer Zeit gefundet sind, wenn man nicht schnell genug auf ein laufendes Projekt aufmerksam wird. Zum Fundingstart verschickt EstateGuru Notificationmails, aber nicht jeder kann oder will ständig sein elektronisches Postfach im Auge behalten. Sobald das Kapital vollständig investiert ist, deaktiviere ich die Autoinvestfunktion wieder.

Crowdestate und **Bulkestate** ähneln dem Modell von EstateGuru; ich habe sie zur weiteren Diversifikation ins Portfolio aufgenommen und baue meine Investments bei beiden noch aus. Das dauert schon bei der wesentlich größeren Plattform EstateGuru ziemlich lange. Die beiden kleineren Konkurrenten haben nicht ständig Projekte verfügbar, so dass man hier eben nur sehr langsam einen gewissen Bestand aufbauen kann.

Meine Ziele für 2019?

Einige Vorhaben habe ich bereits in meinen Ausführungen zu den einzelnen Plattformen durchblicken lassen. Bei manchen Plattformen wird Geld abgezogen (z. B. DoFinance, Twino, Bondora) und bei anderen Kapital aufgestockt (z. B. Swaper, PeerBerry, Crowdestate, Bulkestate). Zudem kann ich mir gut vorstellen, ein paar neue Plattformen auszuprobieren. Einen detaillierten Plan für das ganze Jahr habe ich nicht, weil sich der Markt für P2P-Kredite in einem ständigen Wandel befindet, auf den ich flexibel reagieren werde. Insgesamt ist davon auszugehen, dass Ende 2019 ein größerer Teil meines

Vermögens in P2P-Krediten stecken wird, als es heute der Fall ist.

Links zu den P2P-Plattformen

Folgende P2P-Plattformen bieten einem Bonus für neue Investoren an. Nutze dafür unsere Partnerlinks oder scanne den QR-Code mit der Kamera deines Smartphones.

Bondora - https://www.bondora.com/de

Wenn du dir ein Startguthaben von 5 Euro sichern möchtest, dann registriere dich über unseren Partnerlink*:

https://hobbyinvestor.de/go/bondora

Mintos - https://www.mintos.com/de

Erhalte einen 0,5% Cashback auf dein Investment der ersten 90 Tage nach der Registrierung, registriere dich dafür über unseren Partnerlink*:

https://hobbyinvestor.de/go/mintos

Achtung: Während der Corona-Krise hat Mintos den Bonus vorrübergehend eingestellt!

NEO Finance - https://www.neofinance.com

Alle Investoren die den gesamten Registrierungsprozess abschließen, erhalten 25 Euro Startguthaben. Der Registrierungsprozess beinhaltet auch eine Verifizierung deines Bankkontos. Dafür musst du mindestens 1 Cent auf dein NEO Finance Dashboard einzahlen. Um die 25 Euro zu erhalten, nutze unseren Partnerlink*:

https://hobbyinvestor.de/go/neofinance

Scan me

EstateGuru - https://www.estateguru.co/de

Erhalte einen 0,5% Cashback auf dein Investment der ersten 90 Tage nach der Registrierung, registriere dich dafür über unseren Partnerlink*:

https://hobbyinvestor.de/go/estateguru/

Scan me

* Ein Partner-/Affiliate-Link in einem Buch? Ja, aber nur für ausgewählte P2P-Plattformen, bei denen auch du etwas davon hast. Denn wenn du dich über den abgedruckten Link bei der Plattform anmeldest, erhältst du dort eine kleine Belohnung – z. B. in Form von einem Startguthaben. So wird dir der Start etwas versüßt und gleichzeitig

unterstützt du uns als Autoren.

ACHTUNG: Bitte überprüfe vor deiner Anmeldung, ob die versprochenen Boni von dem Anbieter noch angeboten werden.

P2P-Plattform, die keinen Neukundenbonus anbieten:

Twino - https://www.twino.eu/de/

Lenndy - https://www.lenndy.com

PeerBerry - https://www.peerberry.com/de

Viainvest - https://www.viainvest.com

Swaper - https://www.swaper.com

Robocash - https://www.robo.cash/de

Bulkestate - https://www.bulkestate.com/de

Viventor - https://www.viventor.com

Unsere Social Media Kanäle

Zudem laden wir dich ein, uns über unsere Social-Media-Kanäle zu folgen. Du findest uns auf folgenden Seiten:

Auf Facebook

Facebook.com/
DerHobbyinvestor

Facebook.com/
freakyfinance

Facebook.com/
Crowdbird

Auf Instagram

Instagram.com/
Hobbyinvestor.de

Instagram.com/
freaky_finance

Auf Twitter

twitter.com/HobbyinvestorDE

twitter.com/Crowdbird_de

twitter.com/freaky_finance

Auf YouTube

bit.ly/YTHobbyinvestor

bit.ly/YTFreakyfinance

Die Freak Nation Community

Wir laden dich herzlich ein, Teil der Freak Nation Community zu werden! Vincent hat die Facebook-Gruppe Ende 2017 gegründet und sie ist zum Anlaufpunkt für Finanzinteressierte aus allen Anlagebereichen geworden.

Neben Aktien und Immobilien wird auch sehr viel über P2P-Kredite diskutiert. In der Freak Nation gibt es neben Sebastian und Vincent viele weitere erfahrene P2P-Investoren, die dir schnell und gerne Fragen beantworten und ihre Erfahrungen mit dir teilen.

Scan me

Solltest du daher Fragen, Wünsche, Bedenken, Kritik oder einfach Lust auf einen gegenseitigen Austausch haben, dann werde doch einfach Teil unserer Community: www.bit.ly/FreakNation.

Wir freuen uns auf dich!

Schlusswort

Liebe Leserin, lieber Leser,

wenn du diese Zeilen liest, hast du dir im Laufe dieses Buches ein solides Grund- und Fachwissen rund um P2P-Kredite erarbeitet: Du kennst die wichtigsten bzw. größten Plattformen in Osteuropa, verstehst das Prinzip hinter P2P-Investments, kennst die Risiken und die Chancen – und verfügst nun über das vollständige theoretische Wissen, um sofort loszulegen! Jetzt geht es also an die Praxis ...

Du hast bestimmt schon von der 72-Stunden-Regel gehört: Alles, was du nicht innerhalb von 72 Stunden umsetzt, wirst Du vermutlich niemals realisieren.

Wenn du – wie wir – P2P-Kredite als lohnenswertes Investment einschätzt, dich die Renditen reizen oder du einfach deine Assetklassen jenseits der Börse ergänzen möchtest: Fang einfach an!

Dank der verhältnismäßig kleinen Beträge, mit denen man erste Testballons fahren kann, hält sich das Verlustrisiko in Grenzen und du kannst ausprobieren, ob und in welchem Umfang du dich mit P2P wohlfühlst.

Im Kapitel „Wie funktioniert das Investieren?“ hast du bereits eine ausführliche Anleitung gefunden. Damit du aber nahtlos an den Schluss dieses Buches anknüpfen kannst, helfen wir dir mit dieser Kurzanleitung, direkt ins Tun zu kommen:

Schritt 1: Wieviel möchtest du im ersten Step investieren?

Schritt 2: Welche Plattform soll es werden?

Schritt 3: Lass dich für diese Plattform werben (z. B. auf Blogs), denn manche Plattformen bieten dir dafür einen Cashback von 0,5% bis 1% deiner Investmentsumme an

Schritt 4: Aktiviere deinen Account und überweise Geld auf dein Konto

Schritt 5: Mach dich mit der Plattform vertraut und lege ggf. einen Autoinvestor an

Schritt 6: Los geht's mit deinen ersten P2P-Investitionen!

Schritt 7: Prüfe regelmäßig, ob der Autoinvestor angepasst werden muss und wie es deinen Krediten geht

Schritt 8: Passt alles? Dann lege dir eine Strategie zurecht, diversifiziere über Plattformen/Länder/Kreditarten – und werde hoffentlich ein erfolgreicher P2P-Investor!

Wir sind uns sicher, dass P2P eine große Zukunft bevorsteht. Immer mehr Menschen wirken aktiv daran mit, die P2P-Community auszubauen und die Angebote transparenter zu machen, aber auch: das Maß an Professionalität zu steigern, damit sich P2P von einem Nischeninvestment zu einer ernstzunehmenden Anlageform mausern kann.

Natürlich hoffen wir, dass wir dir mit diesem Buch deine Fragen zu P2P-Krediten vollständig beantworten konnten. Solltest du aber noch offene Fragen haben, dann stehen wir dir gerne per E-Mail zur Verfügung. Du erreichst uns per Mail über info@hobbyinvestor.de (Sebastian) und info@freakyfinance.net (Vincent).

Es war uns eine Freude, dich auf deinem P2P-Weg ein wenig zu begleiten und wenn du dieses Buch hilfreich findest, freuen wir uns sehr über deine Bewertung auf Amazon.

Dir nun viel Erfolg und Vergnügen mit der aufstrebenden, chancenreichen und spannenden Anlage in Peer-to-Peer-Kredite!

Sebastian und Vincent

Impressum

Sebastian Wörner
Waldweg 21
27386 Bothel
info@hobbyinvestor.de
www.hobbyinvestor.de

Lektorat

Sventja J. Franzen
kontakt@sventja-macht-die-texte.de
www.richbitchproject.com

Umschlaggestaltung

Mit freundlicher Gestaltung
Simon Wahlers
www.mfg.do

Printed in Poland
by Amazon Fulfillment
Poland Sp. z o.o., Wrocław

64936406R00190